Helmut Wolf

Stundenblätter
Tennessee Williams
"A Streetcar Named Desire"

30 Seiten Beilage

Ernst Klett Verlag für Wissen und Bildung

Reihe: Stundenblätter Englisch

Eine Schulausgabe des Textes ist im Diesterweg Verlag Frankfurt erschienen.
Tennessee Williams, A Streetcar Named Desire. Edited and annotated by Helmut Wolf.
Auf diese Textausgabe beziehen sich alle Seitenangaben des Stundenblätterheftes.

CIP-Titelaufnahme der Deutschen Bibliothek

Wolf, Helmut:
Stundenblätter Tennessee Williams „A streetcar named desire“ / Helmut Wolf. –
3. Aufl. – Stuttgart: Klett, Verlag für Wissen und Bildung, 1991
(Reihe: Stundenblätter Englisch)
ISBN 3-12-925121-9

3. Auflage 1991

Satz: G. Müller, Heilbronn
Druck: Wilhelm Röck, Weinsberg
Einbandgestaltung: Zembsch' Werkstatt, München
ISBN 3-12-925121-9

Inhalt

Darstellung der Unterrichtseinheit 7

1. Sequenz: (1.–3. Stunde): Towards an Understanding of the Text 7

1. Stunde: The Stage Directions (Scene 1) 8
2. Stunde: Characterization and Characters (Scene 1) 12
3. Stunde: Exposition and Potential Conflicts (Scene 1) 16

2. Sequenz (4.–6. Stunde): Unfolding of Conflicts and First Climax 19

4. Stunde: Transition from Exposition to Action (Scene 2) 19
5./6. Stunde: The Poker Night – Failure and New Hope (Scene 3) 23

3. Sequenz (7.–9. Stunde): Blanche – Central Character of the Play 28

7. Stunde: Desire – Central Motif of the Figures (Scene 4) 28
8. Stunde: Blanche's Relation to Reality/Her Self-assessment (Scene 5) 31
9. Stunde: Mitch – Blanche's New Hope (Scene 6) 34

4. Sequenz: (10.–12. Stunde): The Stations of Blanche's Final Destruction 39

10. Stunde: The Beginning of Blanche's Downfall (Scene 7) 39
11. Stunde: Blanche's Last Hope Crushed (Scene 9) 42
12. Stunde: The Rape – Blanche's Final Destruction (Scene 10) 46

5. Sequenz (13.–14. Stunde): Final Consideration of the Text 49

13. Stunde: Blanche's Breakdown (Scene 11) 49
14. Stunde: The Meaning of the Play 52

Vorschläge für schriftliche Arbeiten 56

Ausgewählte Literatur 57

Darstellung der Unterrichtseinheit

1. Sequenz (1.–3. Stunde): Towards an Understanding of the Text

Die Kritik ist fast übereinstimmend der Meinung, daß „A Streetcar Named Desire“ nicht nur Williams' bestes Drama ist, sondern daß es auch zu den wichtigsten amerikanischen Schauspielen der Nachkriegszeit rechnet. Stellvertretend für viele andere mag das Urteil Mary Ann Corrigans stehen:

„From the perspective of more than a quarter of a century later A Streetcar Named Desire appears to be one of the great American plays. Its greatness lies in Tennessee Williams' matching of form to content. In order to gain sympathy for a character who is in the process of an emotional breakdown, Williams depicts the character from without and within; both the objectivity and the subjectivity of Blanche are present to the audience. In A Streetcar Named Desire Williams synthesizes depth characterization, typical of drama that strives to be an illusion of reality, with symbolic theatrics, which imply an acceptance of the stage as artifice. In short, realism and theatricalism, often viewed as stage rivals, comlement each other in this play. ... Williams achieves his most successfull revelation of human nature in this play.“ (Corrigan, 1976)

In der Schulausgabe des Diesterweg-Verlags (nach der im folgenden zitiert wird) umfaßt der Text von „A Streetcar Named Desire“ 89 Seiten und ist damit als zentrale Ganzschrift für Grund- und Leistungskurse der Jahrgangsstufe 12/13 nicht zu umfangreich. Auch das Verhältnis der Zahl unbekannter sprachlicher Elemente zu bekannten („Steilheit“) übersteigt mit 10 bis 12 Angaben pro Seite nicht das Zumutbare. An die verschiedenen Schichten des amerikanischen Englisch werden sich die Schüler nach anfänglichen Schwierigkeiten bald gewöhnen, zumal da der Dialekt ganz fehlt und Slang nur von Randpersonen gesprochen wird.

Noch einige Vorbemerkungen zum methodischen Verfahren. Lektüre und Interpretation des Textes erfolgen kursorisch. Dieses Verfahren überfordert einerseits das Leistungsvermögen der Schüler nicht und verhindert, daß einige leistungsschwächere Schüler von vornherein den Anschluß an das Kursniveau verpassen. Andererseits entspricht dieses Verfahren auch in starkem Maße der Komposition des Stückes, das auf allmähliche Steigerung angelegt ist. Die Kontinuität der unterrichtlichen Besprechung wird gewahrt, weil als zentraler Aspekt die Frage nach Blanche und ihrer Persönlichkeitsentwicklung im Vordergrund steht.

Die drei ersten Stunden bilden eine geschlossene Einführungssequenz, die ganz dem Verständnis der ersten Szene gewidmet ist, aber auch schon einige allgemeine inhaltliche Stichworte zur Erschließung des Gesamttextes bereitstellt. Dabei dient die erste Stunde der Klärung sprachlicher und inhaltlicher Schwierigkeiten, liefert darüber hinaus aber durch die Besprechung der Funktion der Bühnenanweisungen schon erste Ansätze zur Interpretation. Die zweite Stunde hat das Ziel, die Charakterisierungsmittel und -möglichkeiten des Autors ins Bewußtsein zu rufen und die Charaktere, so wie sie sich in der ersten Szene präsentieren, zu beschreiben. Die dritte schließlich reflektiert die Exposition, die Konstellation der Charaktere und die sich daraus möglicherweise entfaltenden Konflikte.

Nur jetzt zu Anfang werden drei Stunden auf die Besprechung einer einzigen Szene verwendet. Dies ist in diesem Stadium der Arbeit notwendig, um die Schüler grundlegend in die Behandlung eines fremdsprachlichen Dramas einzuführen. Folgende Ziele sollten in dieser ersten Sequenz erreicht werden:
Die Schüler sollen sich ganz allgemein an die Form des Dramas in der Fremdsprache gewöhnen,
- sich dabei die Eigenheiten eines Dramas, verglichen etwa mit Roman oder Short Story, bewußtmachen.

Insbesondere sollen sie erkennen,
- daß Dialog und Bühnenanweisungen die Hauptmittel zur Charakterisierung sind; daß dem Dramatiker aber auch spezifische Möglichkeiten des Theaters zur Verfügung stehen (wie Licht- und Geräuscheffekte), um Stimmungen zu schaffen und Figuren zu charakterisieren;
- ferner, daß die Bühnenanweisungen wichtige Hinweise zum lokalen und zeitlichen Hintergrund des Stückes liefern;
- daß die erste Szene bereits Expositionscharakter hat, in der Ort, Zeit und Personen der Handlung vorgestellt und erste Konfliktmöglichkeiten bereits angedeutet werden.

Außerdem sollen sie imstande sein,
- erste Eindrücke von den Charakteren formulieren zu können.

1. Stunde: The Stage Directions (Scene 1)

Phase 1: Klärung sprachlich und inhaltlich schwieriger Stellen

Der erste Teil der Stunde dient ganz der sprachlichen und sachlichen Orientierung der Schüler. Der Lehrer sollte hierfür genügend Zeit einplanen, um die Schüler nicht von vornherein zu entmutigen.
Es ist davon auszugehen, daß die Schüler das Drama als Ganzes, wenn auch nur oberflächlich, kennen. Das entbindet sie nicht von der Aufgabe, die jeweils neue Szene in häuslicher Arbeit vorzubereiten. Am Anfang wird der Lehrer gut daran tun, mehrere Tage zur Vorbereitung zu gewähren.
Zu Beginn der Stunde fragt der Lehrer nach sprachlichen und sachlichen Unklarheiten. Die Schwierigkeiten werden einerseits durch das anspruchsvolle Englisch hervorgerufen werden, das Williams in den Regieanweisungen benutzt, und andererseits durch die amerikanische Umgangssprache der Personen. Da im einzelnen die sprachlichen und sachlichen Schwierigkeiten nicht vorhersehbar sind, können hier naturgemäß keine Hilfen angeboten werden. Der Lehrer sollte aber seinerseits darauf vorbereitet sein, nach problematischen Stellen zu fragen.

An dieser Stelle können auch schon Hinweise auf die Namensgebung des Autors (Personennamen, geographische Bezeichnungen usw.) eingeschaltet werden, weil sie den Schülern allererste Interpretationsfingerzeige sein können:

Blanche: „The very name Blanche DuBois suggests her duality. In the play, she herself translates it for Mitch as ‚white woods. Like an orchard in spring.' But even her translation is a fantasy. Blanche is past her spring, and the purity of Blanche – white is undermined by the thicket of DuBois – woods. Anglicized, Blanche's name is DuBoys, and under her chaste surface, Blanche lusts for boys." (R. Cohn, p. 46)
Anzumerken ist noch, daß „DuBois" häufig als Hugenottenname auftaucht. Die Hugenotten gelten als die Puritaner Frankreichs!

Stella: (lat.) „Stern".
Stanley Kowalski: polnischer „Allerweltsname"; eine Art von „John Smith".

Streetcar Named Desire: Straßenname und Straßenbahn.
Elysian Fields: Wohnbezirk und Straßenname.
Diese und ähnliche Straßennamen in New Orleans gehen auf puritanische Tradition zurück. Die überdeutliche Symbolik, die uns in Blanches berühmtem ersten Satz (S. 11, Z. 61) vielleicht als überzogen erscheint, wird also durch die realen Verhältnisse relativiert.

Belle Rêve: „beautiful dream" – sprachlich falsch für Beau Rêve!
H. Oppel weist darauf hin, daß die Plantagen des Mississippi-Tales, deren Besitzer häufig Ansiedler französischen Ursprungs waren, zu Beginn des 19. Jahrhunderts dafür sorgten, daß New Orleans als das bedeutendste Handelszentrum der Vereinigten Staaten gelten konnte.
Bereits unter spanischer Herrschaft war der Freihandel erlaubt und die Einfuhr von Negern erlaubt worden. Auf den Herrensitzen verband sich Reichtum mit französischem Schliff.
Für Blanche ist Belle Rêve ein Statussymbol, aber auch schon eine Legende geworden. Die „atmosphere of decay" herrscht hier wie auch in Stanleys New Orleans (vgl. erste Bühnenanweisung).

Blue piano: Leitmotiv-Musik für den primitiven Lebensstil von Stanley – Stella, Steve – Eunice. *„Blue"* (Am. coll.): condition of being sad, melancholy (Adv. Learner's Dict.)

Die ersten (noch ziemlich zusammenhanglosen) *Satzfetzen* stellen einen Versuch dar, die Atmosphäre der „cosmopolitan city" New Orleans einzufangen. Auf eine genauere Analyse braucht und kann nicht eingegangen werden.

Phase 2: Sicherung des Inhalts

Eine Zusammenfassung des Inhalts der ersten Szene durch einen oder mehrere Schüler schließt sich an. Dabei soll auf Deutungsversuche noch weitgehend verzichtet werden. Ergänzende Fragen des Lehrers runden diesen Teil der Stunde ab.

Exkurs zum lokalen Hintergrund

Wer sich die Zeit nehmen will und kann, hat jetzt Gelegenheit, seine Schüler über New Orleans und Louisiana, den Hintergrund des Bühnengeschehens, zu informieren. Denkbar wäre auch, dies in Form eines Kurzreferates einzubringen. Wir begnügen uns mit einigen Hinweisen auf Materialien, die leicht zu beschaffen sind:

Dia-Reihen, die Bilder zu unserem Thema enthalten:

Landschaften des amerikanischen Mittelwestens (Institut für Film und Bild in Wissenschaft und Unterricht; München)

USA – Städte

USA – Landschaften (Höpfel Verlag, Berlin)

Getting to Know the USA (mit Tonband und Textheft; Hueber Verlag; München)

Filme:

Über die Landesbildstellen oder die Amerika-Häuser kann man unter Umständen auch geeignete (Kurz-)Filme beschaffen.

Schallplatten mit amerikanischer Unterhaltungsmusik und Jazz aus New Orleans der vierziger und fünfziger Jahre verleihen z. B. die Amerika-Häuser.

Phase 3:
Funktion der Bühnenanweisungen herausarbeiten

Der zweite Hauptteil der Stunde, der allmählich zur inhaltlichen Auseinandersetzung mit dem Stück hinführt, beschäftigt sich mit der Funktion der „stage directions".

Die Schüler werden aufgefordert, sich die Bühnenanweisungen der ersten Szene auf ihre unterschiedlichen Funktionen hin anzuschauen. Die vorläufige Sichtung der Ergebnisse sollte folgendes Bild ergeben:

a) Die Regieanweisungen beschreiben das Bühnenbild und geben Hinweise zur akustischen und optischen Realisierung.
b) In ihnen charakterisiert der Autor die Personen des Stückes.
c) Kürzere Hinweise im Dialogtext, oft in Form von Adverbien, geben Auskunft, wie einzelne Sätze zu sprechen sind.

Ein Vergleich mit den ersten Sätzen einer Kurzgeschichte trägt zusätzlich dazu bei, den Schülern die grundsätzlichen Unterschiede zwischen den dramatischen und den epischen Techniken ins Bewußtsein zu rufen.

„My father was, I am sure, intended by nature to be a cheerful, kindly man. Until he was thirty-four years old he worked as a farm hand for a man named Thomas Butterworth whose place lay near the town of Bidwell, Ohio. He had then a horse of his own and on Saturday evenings drove into town to spend a few hours in social intercourse with other farm hands. In town he drank several glasses of beer and stood about in Ben Head's saloon ... At ten o'clock father drove home along a lonely country road, made his horse comfortable for the night and himself went to bed, quite happy in this position in life. He had at that time no notion of trying to rise in the world. ..." (Sherwood Anderson, The Egg, in: American Short Stories, Paderborn: Schöningh)

Der Lehrer fordert die Schüler auf, herauszufinden, was der Prosaschriftsteller mit seinen erzählerischen Mitteln in diesen einleitenden Sätzen erreicht: er charakterisiert die Gestalt des Vaters direkt

(1. Satz) wie auch indirekt (sein Verhalten bei und nach dem Wirtshausbesuch). Außerdem liefert der Prosatext den räumlichen und zeitlichen Kontext. Wie aber geht der Dramatiker vor? Da die erzählerischen Möglichkeiten wegfallen, muß er die Voraussetzungen für das Verständnis seines Werkes, die Exposition, entweder in den Dialog oder aber in die Bühnenanweisungen verlegen. Damit sollte den Schülern die Wichtigkeit dieser Bemerkungen deutlich werden, die mehr sind als nur praktische Anleitungen zur Aufführung des Stückes. In ihnen wird der zeitliche und räumliche Bezugsrahmen der Handlung erkennbar. Man stelle sich für einen Augenblick vor, die vielen Informationen, die der Dramatiker in den Bühnenanweisungen gibt, müßten in den reinen Sprechtext eingearbeitet werden.

Die „stage directions" – auch das werden aufmerksame Schüler finden – sind ferner der Ort, wo der Dramatiker sozusagen seine authentische Interpretation der Charaktere gibt. Sie sind also als Hilfe beim Aufspüren der Wesensmitte seiner Person gedacht.

Über das ganze Buch verstreut finden sich Hinweise über die Reaktion der Personen und über die Art, wie bestimmte Sätze, die sonst mißverständlich wären, zu sprechen sind.

Kommen die Schüler nicht von selbst auf diese Funktion der Bühnenanweisungen, kann man verschiedene Schüler folgende Miniszene spielen lassen:

Die Vermieterin (Eunice) läßt eine Unbekannte (Blanche) in die Wohnung ihrer Mieter und Freunde ein, und die Unbekannte bedankt sich: „Thanks for letting me in." Jede Schülerin wird den Satz anders sprechen. Weist der Lehrer dann darauf hin, daß Williams ihn mit dem Zusatz „wanting to get rid of her" (S. 12; 11) versehen hat, wird die Stimmung klar, aus der heraus zu sprechen ist.

Diese kleineren Hinweise im Text können also zu einem wichtigen Kriterium für das Aufspüren der Stimmungen, Gefühle, ja auch der Aufrichtigkeit der Personen des Stückes werden.

Zur Vertiefung der bisher angeschnittenen Problematik kann auch – speziell in Leistungskursen – die Lektüre des folgenden Textauszugs beitragen. Die Schüler werden aufgefordert, in Stillarbeit den Text zu lesen und seine Aussagen auf die 1. Szene von „Streetcar Named Desire" zu beziehen.

„In modern drama stage directions giving hints for the production of a play as well as for the conception of a certain character have become more und more frequent and extensive. Their growing importance stems from at least three factors. First of all, concern for the realistic presentation of man's situation in our time has demanded that playwrights allow for social, intellectual, ethical, and political aspects. But this extensive material could no longer be expressed by dialog alone. In addition, new insights into psychology encouraged dramatists to go beyond outward actions and to expose the inner world of individuals, which again called for detailed production notes. New technical developments constituted a second reason for the increase in stage directions. Today a playwright can make use of special lighting devices to insure an exact emphasis and mood ... Atmosphere can be created by realistic sound imitations... Lighting and sound effects can establish unexpected connections and make the audience look at causality from a fresh angle. Instead of conveying his point of view in the spoken word, the dramatist may suggest it by means of setting, sound, light, and atmosphere in general – all of which he describes in his stage directions. Thirdly, the importance and frequency of production notes have increased because of the devaluation of language in contemporary drama. Language is no longer seen as the best vehicle to express thought and feeling. ... The essential message of the play may lie in its nonverbal stage effects or in the very absence of meaningful dialog.“ (Rogers, S. 170/71)

Phase 4:
Skizze des Bühnenbildes anfertigen

Im letzten Abschnitt der Stunde sollen die Schüler eine Vorstellung von der Bühne auf Grund der ‚stage directions‘ gewinnen. Eine Skizze der Bühne, wie sie in den Stundenblättern zu finden ist, wird von einem Schüler an der Tafel entworfen. Andere schreiben die englischen Fachtermini an die richtige Stelle. Den Abschluß der Stunde bildet eine Betrachtung der Atmosphäre, die von dem Bühnenbild ausgeht: ein ärmliches, Slum-ähnliches Viertel in New Orleans ... „but you always feel just round the corner“.

Hausaufgabe:

Die Schüler erhalten den Auftrag, in ihrer Textausgabe auf S. 3/4 die Angaben zu New Orleans durchzuarbeiten. Zusätzlich sollen sie bereits aus den Angaben der ersten Szene eine kurze, vorläufige Charakterskizze Blanches anfertigen.

2. Stunde: Characterization and Characters (Scene 1)

Die Hauptaufgabe dieser Stunde (wenn möglich: Doppelstunde) ist es, weitere Charakterisierungstechniken des Autors zu untersuchen und so zu ersten Erkenntnissen über die Charaktere der Protagonisten zu gelangen.
Bevor dies jedoch im Mittelpunkt der Betrachtung steht, empfiehlt es sich, den Schülern die Stadt etwas näher zu bringen, die den Hintergrund des Bühnengeschehens darstellt. Damit schließt die Stunde an den Schlußteil der letzten an, in dem das Bühnenbild und die von ihm ausgehende Atmosphäre betrachtet wurden.

Phase 1:
New Orleans als lokaler Hintergrund

Das Schicksal Blanches könnte sich natürlich an jedem anderen Ort abspielen. Aber die konkrete Fixierung an eine bestimmte Stadt unterstreicht den realistischen Grundzug des Stückes. Wie sich auch zeigen wird, wird manches erst aus dem realen Hintergrund verständlich. So z. B. der Satz, aus dem Williams den Titel des Schauspiels genommen hat: „They told me to take a streetcar named Desire, and then transfer into one called Cemeteries and ride six blocks and get off at – Elysian Fields.“ (S. 11, 7) Der Eindruck, daß der Verfasser mit der Symbolik übertreibt, verliert sich, wenn man weiß, daß es diese Bezeichnungen in New Orleans wirklich gibt und daß sie Überbleibsel der hugenottisch-puritanischen

Vergangenheit der Stadt sind. Oder die Anpassung Stellas an die Welt ihres Mannes wurde sicherlich durch die im French Quarter vorherrschende lässig-heitere Atmosphäre erleichtert. (Auch an autobiografische Momente ist zu denken. Denn Williams wohnte zur Zeit der Abfassung des Dramas in dem genannten Stadtviertel und ließ sich durch die klapprige Straßenbahn namens ‚Desire" inspirieren.)

Der Einleitung der Schülerausgabe (S. 3–4) sind die Gründe zu entnehmen, die dazu geführt haben, daß New Orleans sich zu einer kosmopolitischen Stadt entwickelt hat. Sie seien hier noch einmal stichwortartig zusammengefaßt:

Historische Gründe: Erstbesiedlung des Louisiana Territorys durch Franzosen, 1763 an Spanien abgetreten, kurze Zeit wieder französisch unter Napoleon, an die USA verkauft 1803 („Louisiana Purchase"), Zustrom europäischer Einwanderer im 19. und besonders zu Beginn des 20. Jahrhunderts; besonders viele Kreolen (spanisch-französische Abstammung).

Wirtschaftliche Gründe: ideale Lage des Hafens von New Orleans an der Mündung des Mississippi, Zentrum des Baumwollhandels, Anziehungskraft für Händler und Kaufleute aus aller Herren Länder.

Die Stunde beginnt mit dem Abrufen des ersten Teils der Hausaufgaben (Annotations, S. 3/4). Der Lehrer wird möglicherweise noch einige Stichworte ergänzen. Danach wird der Transfer des Besprochenen auf den Text der ersten Szene vorgenommen.

Es ergibt sich folgendes Bild: Williams suggeriert den kosmopolitischen Charakter der Stadt New Orleans, indem er Menschen verschiedener Art auftreten läßt: Farbige; Weiße, deren Namen auf britische, französische und polnische Abstammung hinweisen; Verkäufer, Matrosen, Musikanten und (angedeutet) Prostituierte und deren Welt. – Die Beschreibung der Bühne soll den Eindruck der „joie de vivre" in New Orleans vermitteln.

Phase 2:
Charakterisierungstechniken des Autors

Zu Beginn des Hauptteils der Stunde werden die Schüler aufgefordert, zu erklären, was sie unter „Charakter" verstehen. Es ist zu erwarten, daß einige nur oder vorwiegend an das biologische Erbe denken, das die Eigenart des menschlichen Individuums hervorruft; für andere wird die Umwelt das vorherrschende prägende Element sein.

Wichtig erscheint der Hinweis, daß weder in der Realität noch in literarischen Werken der Charakter eines Menschen beim ersten Zusammentreffen mit ihm „fertig" dasteht, sondern sich bei besserem Kennenlernen entwickelt. Das schließt aber nicht aus, bereits zu Beginn Aussagen über die Charaktere zu machen.

Der Übergang zur Textarbeit sollte so vor sich gehen, daß ganz allgemein nach den Charakterisierungsmöglichkeiten eines Dramatikers gefragt wird. Neben den bereits besprochenen Regieanweisungen werden die Schüler vor allem an direkte charakterisierende Äußerungen im Gespräch miteinander und übereinander denken, vielleicht auch schon an Techniken indirekter Charakterisierung durch Handlungs- und Sprechweise.

Der Lehrer fordert sodann seine Schüler auf, die Ergebnisse ihres „brainstorming" auf die erste Szene zu beziehen. Die Ergebnisse werden in einer Übersicht an der Tafel festgehalten, die die Haupteinteilung in „direct" und „indirect characterization" erkennen läßt. Wenn bestimmte Charakterisierungstechniken nicht genannt werden, muß der Lehrer auf ausgewählte Textstellen verweisen und diese analysieren lassen. Dies dürfte vor allem bei nicht-sprachlichen Charakterisierungstechniken, etwa im symbolischen Bereich, erforderlich sein.
Geeignete Stellen für eine genaue Textarbeit wären z.B. folgende:

Direkte Charakterisierung:

1. stage directions (z.B. Blanche „delicate beauty... uncertain manner... that suggests a moth", 11, 2)
2. Andeutungen, die Stella über ihren Mann macht (S.16/17)
3. Aussagen, die Blanche über sich selbst trifft (solche Aussagen sind überall über Szene 1 verstreut)

Indirekte Charakterisierung:

1. Blanche: „nervously tamping cigarettes; drinking quickly", S.14)
2. Charakterisierung durch Sprache, z.B. Stanleys „omission of grammar" („How long you here for, Blanche," S.20). Durch diese Sprache erweist er sich als Angehöriger der weniger gebildeten Arbeiterschicht. Im Gegensatz dazu steht Blanches gehobene, „gebildete" Redeweise, z. B. S.14, 2–3
3. Die Licht- und Musiksymbolik, ein wichtiges Charakterisierungsmittel Williams', kann an den wenigen Stellen der ersten Szene noch nicht deutlich erkannt werden. Allenfalls können die Schüler erkennen, daß der Tod ihres jungen Ehemannes Blanche schwer getroffen haben muß, denn wenn Blanche davon erzählt, wird eine besondere Bühnenmusik gespielt.
4. Auch der Gesprächsanteil, den die Figuren haben, sagt einiges aus. Beim ersten Zusammentreffen der Schwestern redet Blanche fast ausschließlich; Stellas Beiträge zum Gespräch sind relativ spärlich.
5. Nicht von selbst werden die Schüler auf die Bedeutung bestimmter doppelsinniger Stellen kommen. So wird der Lehrer vermutlich auf die tieferen Implikationen des ersten Auftretens von Stanley hinweisen müssen. Zu Beginn wirft Stanley Stella ein blutbeflecktes Fleischpaket zu. Der Mann kehrt mit Beute von der Jagd zurück. „Meat" bedeutet im Slang u. a. aber auch „the vagina; a woman considered sexually; coitus" (Dictionary of American Slang). Durch diese Doppeldeutigkeit des Wortes werden bereits wichtige Aspekte von Stanleys Verständnis seiner Rolle als Mann sichtbar, und es wird auch schon ein bezeichnendes Licht auf sein Verhältnis zu Stella geworfen.

Im fertigen Tafelbild sollten folgende Punkte berücksichtigt sein:
Der Autor verwendet
direkte Charakterisierung
– durch die Bühnenanweisungen
– durch Äußerungen von Personen über andere
– durch Äußerungen von Personen über sich selbst

indirekte Charakterisierung

- durch das, was die Personen tun und sagen
- durch ihre Gestik und Mimik
- durch ihre Sprechweise
- durch Musik- und Lichteffekte

Selbstverständlich haben die verschiedenen Techniken der Charakterisierung unterschiedliches Gewicht. In der ersten Szene überwiegt die direkte Art der Charakterisierung durch den Autor in den Bühnenanweisungen und durch die Personen untereinander. Die Licht- und Geräuschsymbolik hingegen wird erst im Verlauf des Stückes deutlicher erkennbar.

Ein wichtiger Punkt ist die qualitative Gewichtung der Charakterisierungsmittel, d. h.: Wieweit tragen sie im einzelnen dazu bei, die Wahrheit über einen Menschen zu finden? Diese Frage verdient größte Aufmerksamkeit während der Besprechung des ganzen Stückes, sollte aber hier nur einmal als Problem erkannt werden. (Hinweis: Eine einzige Geste kann mehr über das Wesen eines Menschen aussagen als ein langer Dialog, in dem er vielleicht versucht, sich in möglichst günstigem Licht darzustellen.)

Phase 3: Die Charaktere von Blanche, Stella und Stanley

Die Schüler sollen im Anschluß daran versuchen, ein erstes – vorläufiges – Persönlichkeitsbild der drei Hauptfiguren zu entwerfen. Sie sollen dabei auch, soweit schon erkennbar, die Lebensgeschichte und die äußeren Lebensbedingungen mit einbeziehen.

Die Schüler arbeiten in drei Gruppen, wobei diejenige, die eine Charakterisierung Blanches erarbeitet, die Hausaufgaben aus der letzten Stunde mitverwenden soll.

Am Ende sollte etwa folgendes Bild der Protagonisten entstehen:

Blanche: a one-time English teacher, who has been given leave of absence, as she puts it, has come to a disreputable quarter of New Orleans to live with her sister and the latter's husband. She was brought up on a rich Southern plantation „Belle Rêve" in a spirit, so it seems, of culture, literature, and refinement. When she first appears on the stage, she is „daintily dressed" and later she wonders how her sister can feel at home here. She alone remained at Belle Rêve to see all of her relatives die. She was once married to a very young man („the boy") who died. She appears to be rather nervous, sometimes even hysterical. She feverishly talks nearly all the time. She seems to be given to drinking, which she tries to hide. Obviously the contrast between her past and what she finds here with her sister adds to her distress. She is much given to outward appearance and, whenever this image seems to be endangered, she finds excuses or even lies: „I rarely touch it (= alcohol)." To sum up: she is too much of a „delicate moth" (Williams) to fit into the coarse-grained surroundings.

Stella is married to a laborer much beneath her own former social position, with whom she appears to be passionately in love. She is younger, gentler and much more balanced than her sister. Evidently the elder sister has always been domineering.

Stanley, who appears only twice in short

episodes, is characterized contrapuntally to Blanche. He is „the unrefined type", he talks of sweating and takes off his shirt in the presence of a lady. In the stage directions he is characterized unequivocally: „medium height, strongly built, animal joy, pleasure with women."
Note also that he is characterized by the two others before he finally appears on the stage!
Die Arbeitsergebnisse der Gruppen werden an der Tafel festgehalten und mit den Schülern diskutiert. Der Lehrer sollte nicht versäumen, auf die Vorläufigkeit der Ergebnisse und die Entwicklungsmöglichkeiten der Charaktere hinzuweisen.

Hausaufgabe:

Die Schüler sollen in Stichworten einige Gedanken zu der Frage „Which conflicts might arise from the exposition given in Scene 1?" festhalten.

3. Stunde: Exposition and Potential Conflicts (Scene 1)

Nachdem in der vorigen Stunde die Charaktere der drei Hauptpersonen im Mittelpunkt der Betrachtung standen, soll in der dritten Stunde die in Szene 1 gegebene Konfliktexposition den Schülern bewußt gemacht werden. Zu diesem Zweck wird in Phase 1 im ersten Unterrichtsschritt die Atmosphäre herausgearbeitet, die typisch ist für die Welt, in der Stanley und Stella leben und in der Blanche und die Welt, für die sie steht, wie ein Fremdkörper wirken.
Im anschließenden Unterrichtsschritt dann werden die möglichen Konflikte, die sich aus dieser Konstellation ergeben, besprochen.
Das Bewußtsein der in Szene 1 angelegten Konflikte darf nicht die Konflikte gleichsam im luftleeren Raum ansprechen, sondern muß vorrangig die Atmosphäre miteinbeziehen, aus der der Autor die Konflikte hervorgehen läßt. Bildlich gesprochen ist das Atmosphärische der Sockel, auf dem sich die Auseinandersetzungen zwischen den Personen erheben. Von der formalen Betrachtung des Dramas her ist es aber auch der realistische Untergrund, aus dem das ganze Stücke entspringt. Jedoch müssen die Schüler schon jetzt darauf vorbereitet werden, daß SND darüber hinaus einen hohen Anteil an nicht-realistischen, symbolhaften Elementen aufweist. Diese doppelte Betrachtungsweise klang schon bei der Besprechung der Charaktere kurz an und sollte als durchgängiger Wesenszug dieses Dramas immer vor Augen sein.

Phase 1: Kontrastierung zweier Welten (Stanley – Blanche)

Mit immer neuen Mitteln, die teils dem sprachlichen, teils aber auch nichtsprachlichen Bereichen entnommen sind, kontrastiert der Autor die völlig unterschiedlichen Welten Stanleys und Blanches. Sinnlichkeit ist das atmosphärische Element, das in der ersten Szene vorherrscht, eine Sinnlichkeit, die sich in der im Hintergrund sichtbar werdenden Stadt New Orleans, in der Wohnung und der Nachbarschaft Stanleys und natürlich in seiner eigenen Person manifestiert. Mit der Musik des „blue piano“ im Hintergrund, die diese Sinnlichkeit symbolisieren soll, beginnt das Stück mit einer angedeuteten Obszönität. Das Stück Fleisch, das Stanley Stella zuwirft (vgl. S. 14), Steve's Witz (S. 19), Stellas Geständnis: „I can hardly stand it when he is away for a night“, Stanleys Entblößen des Oberkörpers vor einer Dame: mit diesen und anderen Motiven suggeriert Williams dem Zuschauer/Leser die sinnenhafte Welt Stanleys.

Die Atmosphäre ist heiter und gelassen. Menschen verschiedenster Herkunft verstehen sich gut: New Orleans ist „a cosmopolitan city where there is a relatively warm and easy intermingling of races in the old part of town.“ (S. 9, 19–20) In diese sinnenfrohe Welt tritt Blanche unvermittelt ein und mit ihr etwas noch unklar Bedrohtes, Bedrohendes. Bereits die erste Bühnenanweisung betont den Kontrast: „Her expression is one of shocked disbelief. Her appearance is incongruous to this setting. She is daintily dressed in a white suit with a fluffy bodice, necklace and earrings of pearl, white gloves and hat, looking as if she were arriving at a summer tea or cocktail party in the garden district“ (S. 10, 36f.). Ihr Auftreten gegenüber Eunice, mehr noch ihr Dialog mit Stella mit den Anspielungen auf die Schäbigkeit der Kowalskischen Wohnung und den Hinweisen auf ihre eigene „vornehme“ Herkunft machen die Inkongruität der beiden Welten deutlich. Auch das Bildungsniveau wird scharf kontrastiert: vgl. Blanches Anspielungen auf Poe (S. 14, 3) mit Stanleys Eingeständnis: „I'm afraid I'll strike you as being the unrefined type“ (S. 21, 1).

Ähnliches läßt sich auch über die Sprechweise der beiden sagen.

Zwischen Stanley und Blanche steht Stella. Obwohl sie nach Herkunft und Bildung eigentlich ihrer Schwester nahe stehen müßte, scheint es so, als ob sie sich mit der derben, rauhen Atmosphäre abgefunden habe. Darauf weisen ihre Worte hin: „Of course there were things to adjust myself to later on.“ (S. 17, 6). Die Art ihrer Beziehung zu ihrem Mann wird in der ersten Szene noch nicht deutlich. Daß ihre Liebe zu ihm in erster Linie von sexuellem Begehren geprägt ist, zeigt etwa die Stelle, wo sie sagt: „I can hardly stand it when he is away for a night.“ (S. 17, 15)

Phase 2: Mögliche Konflikte erkennen

Sind die Kontraste zwischen Stanleys Welt und der Welt Blanches genügend deutlich geworden, ist es an der Zeit, die Schüler überlegen zu lassen, welche Konflikte sich aus der Exposition ergeben können. Als Ausgangspunkt bieten sich die von den Schülern in häuslicher Arbeit niedergeschriebenen Gedanken an, die an der Tafel gesammelt werden. Damit die Schüler sich mit ihren Vermutungen nicht im Bereich des Spekulativen verlieren, muß der Lehrer darauf achten, daß sie ihre Hypothesen mit Belegen und Zitaten aus dem Text stützen. Folgende Punkte sollten im Unterrichtsgespräch berührt werden:

1. Schon die äußeren Umstände enthalten Zündstoff: Die Wohnung besteht nur aus zwei Räumen, die nur durch einen Vorhang abgetrennt sind. Die

Enge muß zu Reibereien führen, die noch dadurch verstärkt werden können, daß Blanche sehr stark von Äußerlichkeiten abhängig zu sein scheint. Die Intimsphäre aller Beteiligten kann verletzt werden.

2. Stanley wird als „the richly feathered male bird among hens“ (S. 19, 37) beschrieben. Die Frage ist, wie er die Schwägerin behandeln wird, deren Charakterbild ja auch stark dominierende Züge aufweist.
3. Das soziale Gefälle zwischen Stanley und Blanche wird in der ersten Szene schon sehr deutlich herausgestellt (Herkommen, Sprache, Umgebung, Benehmen). Es steht zu erwarten, daß sich auch daraus Konflikte ergeben.
4. Offensichtlich sucht Blanche, die zerbrechliche „Aristokratin“ aus gutem Hause, die Geborgenheit, die sie nach den Enttäuschungen ihres Lebens, wie sie in der ersten Szene angedeutet sind, verloren hat. Wenn sie sich nicht einzuordnen versteht, wird sie diesen Schutz nicht finden. Vieles spricht dafür, daß sie scheitern könnte.
5. Für Stella ergibt sich möglicherweise ein Konflikt zwischen der Anhänglichkeit an ihre Schwester, mit der sie unter anderem die gemeinsame Herkunft verbindet, und der Liebe zu ihrem Ehemann.

Die Schüler bringen während dieser Unterrichtsphase ihre Hausaufgabe mit ein. Nach Abschluß der Erörterung sollen die potentiellen Konflikte übersichtlich an der Tafel erscheinen. Damit der hypothetische Charakter gewahrt bleibt, bietet es sich an, für die Formulierung die Frageform zu verwenden. Im weiteren Fortgang der Dramenbesprechung wird es für die Schüler interessant sein, zu überprüfen, ob sie mit ihren Fragen richtig lagen.

Erweiterungsmöglichkeit

Wenn noch etwas Zeit zur Verfügung steht, kann noch die Frage erörtert werden, ob Blanche dem Leser/Zuschauer sympathisch erscheint. Die Diskussion kann kontrovers geführt werden: Mitleiderregend sind ihre materielle Not und ihre – angedeutete – Vergangenheit; auch ihr fragiler seelischer Zustand. Sie ist nicht ohne Witz. Sie erscheint anpassungsfähig – trotz großer Schwierigkeiten.
Weniger sympathisch wirkt sie durch ihr dominierendes Wesen gegenüber der Schwester, durch das ständige Pochen auf ihren Status und ihre Redseligkeit.

Hausaufgabe:

Die Schüler sollen die Szene 2 sorgfältig vorbereiten.

2. Sequenz (4.–6. Stunde): Unfolding of Conflicts and First Climax

In der ersten Unterrichtssequenz wurde die erste Szene als Grundlage für das Verständnis des gesamten Werkes eingehend betrachtet. Die zweite Sequenz verfolgt das Ziel, den Übergang von der Exposition zur eigentlichen Handlung mit dem ersten Höhepunkt in Sc. 3 nachzuzeichnen. Vor allem aber muß erarbeitet werden, wie die in Sc. 1 vorgestellten Charaktere sich im Verlauf der Handlung entfalten. Die einsetzende Handlung wirft Licht auf die Charaktere, so daß die Einsicht in die Persönlichkeitsstruktur der Hauptpersonen erweitert wird.

Gleichzeitig werden die Umrisse der Konfliktsituation noch deutlicher sichtbar. Wenn in Sc. 3 mit Mitch die letzte der Hauptfiguren eingeführt ist, zeichnet sich für den Leser/Zuschauer die Konstellation klar ab:

- Stanley empfindet Blanche als Eindringling in sein Reich und versucht, sie mit allen Mitteln loszuwerden.
- Blanche versucht, bei Stella Zuflucht und Geborgenheit zu finden. Doch ihr eigenes kompliziertes Wesen wie auch Stanleys Widerstand vereiteln dies. Da erscheint wie ein deus ex machina Mitch, der ihr Retter sein könnte.
- Mitch selbst, ebenfalls einsam, ist an Blanche interessiert.
- Stella steht in der Mitte zwischen Ehemann und Schwester. Ihr zuvor so stabiles Verhältnis zu Stanley, wenn es auch vorwiegend auf sexueller Anziehung beruhte, scheint zumindest vorübergehend erschüttert zu sein.

Die Unterrichtseinheit umfaßt etwa drei Stunden, davon sollten zwei auf die Besprechung der dritten Szene verwendet werden.

4. Stunde: Transition from Exposition to Action (Scene 2)

In der ersten Szene hat Williams die Voraussetzungen zum Verständnis der Hauptpersonen geschaffen. Das dort Angelegte wird nun zum ersten Mal in Szene gesetzt. Entsprechend gilt es, in dieser Stunde zu untersuchen, wie sich die Charaktere entfalten. Dies soll nacheinander an Stanley, Blanche und Stella aufgezeigt werden. Am Schluß der Stunde sollen sich Einsichten in die Entwicklung der Konfrontation ergeben.

Die Szene, die einen klaren, übersichtlichen Aufbau aufweist, sollte nach Klärung sprachlicher und inhaltlicher Schwierigkeiten sowie einer knappen Inhaltszusammenfassung in raschem Tempo durchgesprochen werden. Denn die Schüler haben bereits drei Stunden auf die Besprechung einer einzigen Szene verwenden müssen und drängen nun sicherlich nach zügigerer Durchnahme des Stoffes. Dazu kommt, daß sie den Text in der häuslichen Vorbereitung bestimmt ohne allzu große Schwierigkeiten, sei es sprachlicher oder inhaltlicher Art, bewältigt haben.

Phase 1: Besprechung der Hausaufgaben

Die Besprechung der Hausaufgabe mit dem Ziel der Inhaltssicherung sollte sehr zügig vonstatten gehen; wie auch in allen weiteren Stunden, wenn es lediglich um das Rekapitulieren von Inhalten geht.

Phase 2: Das Bild Stanleys

Obwohl doch seit Blanches Ankunft laut Bühnenanweisung erst ein Tag vergangen ist, fällt auf, daß die Stimmung im Hause Kowalski recht gereizt ist. Die Frage nach dem Grund hierfür bildet den Einstieg in die Besprechung der Szene. Betrachten wir zunächst Stanley! Seine Gereiztheit hat zunächst einen recht handfesten Anlaß. Er muß erkennen, daß mit einem Erbteil aus Belle Rêve nicht zu rechnen ist. Aus seiner Sicht hat Blanche das Erbe für Kleider und dergleichen Überflüssigkeiten verschwendet.

Dazu kommen noch tiefer liegende Gründe:

Während Blanche in Szene 1 sozusagen „allgemein" mit der ihr neuen Umwelt zusammenstieß, trifft sie nun konkret auf den charakteristischen Vertreter dieses Milieus: Stanley. Instinktiv wittert dieser Mann in der extravaganten, offensichtlich auf ihn herabblickenden Frau seine Feindin. Er fühlt, daß sie einen Keil zwischen ihn und Stella treiben kann, daß sie seine Position als „König" in seinem kleinen Reich streitig machen kann. (Vgl. Sc. 8, wo er sagt: „Remember what Huey Long said – Every Man is a King! And I am the king around here, so don't forget it!", S. 73, 23 f.). Er möchte Anerkennung um jeden Preis; bei Stella hat er dies erreicht. (Vgl. die Bühnenanweisung S. 22, 7: „Stella kisses him which he accepts with lordly composure.")

Er spielt den Überlegenen: überall hat er angeblich seine Bekannten, die Blanches „Kostbarkeiten" schätzen oder die Anwaltsbriefe überprüfen können. Er prunkt mit pseudo-juristischen Kenntnissen und kommt doch – trotz zweifacher Gelegenheit, den Napoleonic Code zu erklären – über den Satz nicht hinaus: „In the state of Louisiana we have the Napoleonic Code according to which what belongs to the wife belongs to the husband and vice versa." (S. 23, 33 f. und ähnlich S. 27, 29 f.) Da er argwöhnt, Blanche habe sich durch den Verkauf von Bella Rêve persönlich bereichert, scheut er nicht davor zurück, ihren Koffer zu durchwühlen. Als er mit den Geschäftspapieren auch die Liebesgedichte von Blanches totem jungen Ehemann in die Hand nimmt und sie diese deswegen verbrennen will, ist er nur kurz betroffen und fragt gleich: „What do you mean by saying you'll have to burn them?", offenbar aus Angst, es könne sich doch um wichtige Dokumente handeln, die Blanche vernichten möchte. So fürchtet er keine Geschmacks- und Rücksichtslosigkeit, wenn es um die Wahrung seiner Interessen und die Herabsetzung seiner Gegnerin geht.

Williams hat Stanley in dieser Szene reichlich ironisch porträtiert. (Vgl. etwa

Stanleys groteske Fehleinschätzung der „Reichtümer" Blanches!) Will der Autor damit den „Proleten" Stanley lächerlich machen und so die überlegene Position Blanches unterstreichen?
Dies trifft nur bedingt zu, denn er hat dem Ironisierten selbst eine gehörige Portion Ironie und Mutterwitz mitgegeben, die beim Publikum ankommt. Auch geht die Ironisierung nicht so weit, daß Stanley bloßgestellt würde.

Phase 3: Das Bild Blanches

Auf die entsprechende Frage werden die Schüler vermutlich angeben, daß die Szene, um es im Boxjargon zu sagen, „nach Punkten an Blanche geht": Die Sympathie des Autors und die Anteilnahme des Zuschauers/Lesers für sie nehmen zu.
Die Schilderung des Verlustes von Belle Rêve zeigt einerseits Blanches Ahnungslosigkeit in kommerziellen Dingen, vor allem aber, was sie mit dem Familienbesitz verloren hat: materielle Sicherheit und seelische Geborgenheit im „schönen Traum".
Das Motiv vom Tod des jungen Ehemanns klingt wieder an. Es scheint so, als laste das Ereignis schwer auf ihr.
Das Lied, das sie im Badezimmer singt, spiegelt ihre Situation wider – zumindest so, wie sie sie sieht: „From the land of the sky blue water, they brought a captive maid!" Sie ist die Lady, für die Form und Tradition alles zu sein scheinen. Sie merkt selbst, daß ihr Traum zu Ende geträumt ist, als sie sagt: „I think it is wonderfully fitting that Belle Rêve should finally be this bunch of old papers in your big, capable hands!" (S. 29, 25 f.)
Hier wie auch an anderen Stellen der Szene klingt das Motiv der Vermischung von Illusion und Realität an. Da es für das Verständnis des Dramas von zentraler Bedeutung ist, sollte der Lehrer die Aufmerksamkeit der Schüler jetzt schon darauf richten. Daß Blanche in einer Welt voller Illusionen zu Hause ist, hat schon Sc. 1 gezeigt. Redeweise, Benehmen, ja schon ihre Kleidung haben darauf hingewiesen.
Bei allem Schutzbedürfnis spielt Blanche mit dem Feuer: sie flirtet ein wenig mit Stanley – natürlich „ladylike"! (Vgl. Stanleys wesentlich plumpere Annäherung: „If I didn't know that you was my wife's sister I'd get ideas about you." S. 27, 36) So bleibt auch hier ihr Wesen eigentümlich in der Schwebe, „like a moth" (vgl. Bühnenanweisung S. 11).
Trotz dieser Zwiespältigkeit in ihrem Charakterbild macht Blanche in dieser Szene einen Erkenntnisprozeß durch, den auch die Schüler mitvollziehen können, wenn ihnen der Wortlaut des Bibelzitats vorgelegt wird, das Blanche anführt. „They (= the Pharisees) are blind guides, and if one blind man guides another they will both fall into the ditch." (Matthäus 15, 14) Der blinde Führer ist Stanley, der in den Augen Blanches unfähig ist, Rücksichten auf die Gefühle anderer zu nehmen. Wie soll er, der „Blinde", die andere „Blinde", Stella, führen, ohne daß beide in die Grube fallen?

Phase 4: Das Bild Stellas

Das Charakterbild Stellas erlebt in dieser Szene keine wesentliche Erweiterung. Es sollte allerdings der unter Umständen entstandene Eindruck revidiert werden, als werde sie nur als notwendige Folie im Kampf der beiden Hauptkontrahenten gebraucht. Die Szene zeigt durchaus, daß Stella Kraft genug besitzt, um gegen Stanleys primitive, manchmal vulgäre Art aufzubegehren. Sie ist um das Wohl ihrer Schwester besorgt und verteidigt sie gegen Stanley. Die Liebe zu ihrem Mann tritt hier hinter dem Zorn auf ihn zurück. Damit bereitet Williams die Möglichkeit vor, daß sich Stella von Stanley zugunsten Blanches lösen kann – ein Versuch, den Blanche ja tatsächlich auch in den nächsten Szenen unternimmt.

Phase 5: Konstellation der Charaktere

Die Schüler haben in den vorausgehenden Unterrichtsphasen die Entwicklung der Charaktere im einzelnen verfolgt. In einer Art Zusammenfassung hieraus ergibt sich die Frage für sie, wie sich am Ende der 2. Szene die Konstellation der drei Hauptfiguren darstellt.
Dabei zeigt der Verlauf der Auseinandersetzung zwischen Stanley und Blanche, daß der Streit um den Verlust von Belle Rêve nur vordergründig ist. In Wirklichkeit geht es Stanley jetzt schon um die Behauptung seiner Machtansprüche. Dies versucht er gegenüber Stella, indem er Blanche herabzusetzen versucht, und gegenüber Blanche selbst, indem er z.B. seine Überlegenheit in juristischen Dingen hervorkehrt.
Von Blanche, in sich selbst offenbar zwiespältig, wird klar, daß sie nach so vielen Rückschlägen im Leben im Hause der Kowalskis eine Chance haben könnte, die ersehnte Ruhe zu finden. Sie hält offensichtlich Stanley für einen Widersacher, dem sie überlegen ist. Darauf weisen z.B. ihr Flirt mit ihm hin sowie die bereits besprochenen Schlußworte „The blind are – leading the blind".
Stellas Verhältnis zu ihrem Mann erschien in Sc. 1 problemlos. Nun aber, nach dem Erscheinen der Schwester, die längst vergessene Gefühle wieder lebendig macht, sieht ihre Beziehung zu Stanley erheblich gefährdeter aus. In dem Personendreieck (s. Stundenblatt zur 3. Stunde) hat die Beziehung Stanley – Stella an Intensität verloren, die Beziehung Stella – Blanche erscheint fester, und in der Beziehung Stanley – Blanche zeigt sich etwas wie Feindschaft.

Erweiterungsmöglichkeit

Da diese Stunde inhaltlich nicht überlastet ist, kann auch einmal szenisches Lesen eingeplant werden. Besonders der erste Teil der Szene mit einigen recht komischen Elementen ist dazu sehr geeignet (z.B. Stanleys groteske Fehleinschätzung der Wertsachen Blanches; seine Versuche, den Code Napoleon zu erklären; seine ewigen Versicherungen, er werde den Dingen nachgehen [„study things out"]; sein eigener Wortwitz).

Hausaufgabe

Als *Hausaufgabe* bereiten die Schüler die wichtige Szene 3 gründlich sprachlich vor (schriftliche Inhaltsangabe).

5./6. Stunde:
The Poker Night –
Failure and New Hope (Scene 3)

Wegen der zentralen Bedeutung und der ungemein wirkungsvollen dramatischen Gestaltung sollte die Besprechung der Szene unbedingt zwei Stunden umfassen.

Auch hier geben die Schüler zu Beginn der Stunde eine kurze mündliche Paraphrase oder lesen ihre Zusammenfassung des Inhalts vor.

Phase 1:
Besprechung der Hausaufgabe – Inhaltssicherung

Das Besprechen der Hausaufgabe bildet den Beginn der Stunde. Auf diese Phase sollte – bei aller gebotenen Kürze – nach Möglichkeit nicht gänzlich verzichtet werden, einmal um einen gemeinsamen Informationsstand aller Schüler zu sichern, zum anderen, um Fehlinterpretationen von Schülern hinsichtlich des Inhalts frühzeitig korrigieren zu können.

Phase 2: Hinweise zur Entstehungsgeschichte des Werks

Da die dritte Szene sozusagen die Keimzelle für das Gesamtwerk war, ergibt sich hier für den Lehrer die Gelegenheit, den Schülern einige nicht ganz unwichtige Aspekte der Enstehungsgeschichte nahezubringen. Als mögliche Form bietet sich hier der Lehrervortrag an.

Die Szene trägt heute noch als einzige eine Überschrift: ‚The Poker Night'. Dies war der Arbeitstitel des Werkes, an dem Williams 1945 zu arbeiten begann und das ihm als „A Streetcar Named Desire" Weltruhm brachte, nachdem es am 3.12.1947 am Broadway uraufgeführt und bald darauf mit den wichtigsten Literaturpreisen der USA ausgezeichnet wurde. Der Namenswechsel vom naturalistischen „Poker Night" zu dem symbolistischen Titel, der geläufig ist, veranschaulicht die Verlagerung des Schwerpunkts von Stanley auf Blanche. Die weibliche Hauptperson war bereits in zwei Kurzdramen vorgebildet: In „The Lady of Larkspur Lotion" (1939) erzählt Williams von einer verblühten „Southern ex-belle", die vergeblich versucht, in einem schäbigen Mietshaus in New Orleans ihren Anspruch auf Respektabilität aufrecht zu erhalten und von ihrer Gummiplantage in Brasilien träumt. In dem Einakter „Portrait of a Madonna" kann sich eine alternde Frau nicht von einer unglücklichen Liebesgeschichte lösen und steht nun im Begriff, in eine Heilanstalt eingewiesen zu werden.

Phase 3:
Stanleys „animalisches" Wesen

Bevor die Interpretation der Szene beginnt, tut der Lehrer gut daran, die Schüler noch einmal die bisher in Erscheinung getretenen Wesenszüge Stanleys zusammenfassen zu lassen. Die Schüler werden sich erinnern, daß er gleich zu Beginn der Sc. 1 seiner Frau ein Stück rohes Fleisch zuwarf. Damit deutete Williams an, welche Position Stanley innerhalb seines kleinen Reiches einnimmt: die gleiche, die einst in der Steinzeit der Hordenchef hatte, wenn er von der Jagd heimkehrte und seinen Frauen die Beute zuwarf. Selbstverständlich erwartete er dankbare Unterwürfigkeit.

In der Bühnenanweisung (S. 19) schreibt Williams für Stanley „the power and pride of a richly feathered male bird among hens“ vor. – Sc. 2 schließlich wies ihn als Mann der Realität aus, der es gewohnt ist, Frauen zu befehlen. Offensichtlich versteht er es, auf sein vermeintliches oder auch gutes Recht zu pochen, und kennt dabei keine Rücksichten auf die Gefühle anderer. Daß er dabei keine Auseinandersetzung scheut, mußte Blanche bereits verspüren.

Diese Entwicklung gilt es noch einmal nachzuzeichnen, bevor man zur Interpretation der neuen Szene schreitet. Die Schüler werden leicht erkennen, daß der bereits reichlich alkoholisierte Stanley als derb, vulgär und bar jeder Rücksichtnahme dargestellt wird.

Er verhöhnt Mitch, der wegen seiner kranken Mutter früher den Pokerabend verlassen will (S. 32). Er schlägt Stella auf den Schenkel (S. 33), wirft in seinem Zorn den Radioapparat aus dem Fenster (S. 38) usw. Sein animalisches Wesen, wie es einige Kritiker nennen, wird besonders deutlich, als er nach der chaotischen Szene nach seinem „Weibchen“ schreit: „He throws back his head like a baying hound and bellows his wife's name.“ (Bühnenanweisung S. 39, 36 f.) Kurz darauf: „Then they come together with low, animals moans.“ (S. 40, 18) Das Animalische in Stanley wird auch durch seine Sprechweise unterstrichen, die, wohl auch bedingt durch den Alkoholeinfluß, mehr „sub-standard“ ist als sonst (fast durchweg „omission of grammar“!). Seine Äußerungen sind eher als kurzes Brüllen denn als artikulierte Sprechweise zu charakterisieren.

Auf der Suche nach einem Sammelbegriff für Stanleys Wesen bietet sich der amerikanische Ausdruck „he-man“ an. Er repräsentiert den Typ Mann, der von der dominierenden Rolle des Mannes gegenüber der Frau zutiefst überzeugt ist und letztlich die Frau verachtet. Williams hat Stanleys Auffassung von seiner Rolle als männlichem Geschlechtswesen präzise festgelegt:

„Since earliest manhood the center of his life has been pleasure with women, the giving and taking of it, not with weak indulgence, dependently, but with the power and pride of a richly feathered male bird among hens. Branching out from this complete and satisfying center are all the auxiliary channels of his life, such as his heartiness with men, his appreciation of rough humor, his love of good drink and food and games, his car, his radio, everything that is his, that bears his emblem of the gaudy seed-bearer...“ (S. 19; 32 f.). Für den so geschilderten Stanley ist Blanche in mehrfacher Hinsicht ein Störenfried:

- Sie wagt es, als Frau, die in seinem Weltbild einem Mann vorgegebene Führungsrolle in Frage zu stellen.
- Sie spielt sich dabei als die geistig Überlegene auf.
- Dazu ist sie von sensibler Natur und schmetterlingshaftem Wesen – Eigenschaften, für die er kein Verständnis aufbringt.

Damit erscheint der Konflikt mit ihr unausweichlich.

Die Umgebung Stanleys unterstreicht den Eindruck des Primitiven, Animalischen. Die Regieanweisung schreibt „the raw colors of childhood's spectrum“ (S.31; 4f.) in der Küche vor. Sogar die Farben der Hemden der Pokerspieler tragen dazu bei, eine Atmosphäre harter Männlichkeit und potentieller Gewalt zu schaffen (Bühnenanweisung S.31). Der Himmel aus Szene 1 mit seinem „peculiarly tender blue, almost a turquoise, which invests the scene with a kind of lyricism and gracefully attenuates the atmosphere of decay“ (S.9, 9f.) ist einer Art „lurid nocturnal brilliance“ (S.31, 4) gewichen.

Die Kumpane Stanleys repräsentieren, mit Ausnahme von Mitch, die primitive Welt, die sich hier in Form von Glücksspiel, Trinkfreudigkeit und sexuellen Anspielungen (vgl. den Witz Steves, S.32, 13f.) manifestiert.

Die Welt Stanleys, in ihrer ganzen Vulgarität gezeichnet, erweist sich, etwas überraschend, doch als die siegreiche in dieser Szene. Bei Stella, die eben noch vor dem wild gewordenen Stanley zu den Nachbarn geflohen ist und damit die Partei Blanches ergriffen hat, siegt letztlich doch die animalisch sinnliche Liebe zu Stanley und sie versöhnt sich mit ihrem Mann. Die Welt Stanleys triumphiert eindeutig über Blanche und ihre DuBois-Welt.

Phase 4:
Blanche – Treibende und Getriebene

Blanche wird mit allem, was sie in Szene 3 sagt oder tut, in scharfem Gegensatz zu Stanley charakterisiert. Sie spielt (ist?) auch hier die Dame, die in seltsamem Gegensatz zu der Umwelt, in die sie geraten ist, die Etikette aufrechtzuerhalten sucht: „Please don't get up,“ sagt sie, als sie den Pokerfreunden vorgestellt wird (S.32, 36). „I'm not properly dressed,“ entschuldigt sie sich bei Mitch, als er sie einlädt, neben ihm auf der Treppe Platz zu nehmen (S.41, 5). Ihre Konversation mit Mitch ist so angelegt, daß er den besten Eindruck von ihr mitnehmen soll: z.B. die Erklärung ihres französischen Namens (S.36/37); die Bildung, die sie verspielt, aber geschickt aufblitzen läßt (S.36, 5); die Koketterie, als sie Mitch ihr Unterrichtsfach (Englisch) erraten läßt (S.37/38).

Außerdem ist sie weiterhin die einzige, die ein tadelloses Englisch spricht, in „richtiger“ Grammatik, variabel und flexibel im Ausdruck.

Ganz im Gegensatz zu den grellen Farb- und Lichteffekten der Stanley-Welt läßt sie von Mitch einen chinesischen Papierlampion um die nackte Glühbirne anbringen. Sicherlich will sie damit vor dem neuen Bekannten ihr vorgerücktes Alter verbergen; aber es gilt auch, was I. Rogers zu der Stelle sagt: „Williams seems to intend the lighting to create empathy with Blanche, for soft pastel tones and half-lights reflect her personality while Stanley's vivid colors often strike the spectator as garish.“ (Rogers, S.200).

Wie schon in Szene 2 versucht also der Autor, Blanche in ein günstigeres Licht als Stanley zu stellen. Doch ihre Gestalt wirft auch Schatten; sie wirkt gelegentlich überheblich (z.B. als sie sich die Frauen der Pokerspieler vorstellt; S.34; 22).

Um bei Mitch einen guten Eindruck zu machen, scheut sie nicht vor einer Lüge zurück:

Mitch: Your are visiting Stanley and Stella?
Blanche: Stella hasn't been so well lately, and I came down to help her for a while. (S.37; 17f.)

Auch andere Stellen zeigen Blanches manchmal großzügigen Umgang mit der Wahrheit. Es sei z.B. daran erinnert, wie sie ihr eigenes Verhältnis zum Alkohol beschreibt: „I – rarely touch it." (S.20; 21; ähnlich an mehreren anderen Stellen des Dramas). Es wird vorgeschlagen, die Thematik Lüge/Illusion/Realität schon ins Unterrichtsgespräch einzubringen, eine vertiefende Diskussion dieses Aspektes aber auf einen späteren Zeitpunkt zu verschieben.
Trotz der aufgezeigten negativen Züge Blanches bleibt doch ein verhältnismäßig positiver Eindruck von ihr in dieser Szene. Auch wirkt sie trotz andauernder fast hysterischer Nervosität hier am selbstbewußtesten. Es handelt sich um eine der wenigen Szenen, in denen sie wirklich aktiv wird: Als Stanley seine Frau tätlich angreift, holt Blanche ihre Schwester aus dem Getümmel heraus und bringt sie bei Eunice in Sicherheit. Damit hat der Autor mit Blanche dem männlichen Protagonisten eine ebenbürtige Partnerin gegenübergestellt. Stanley wirkt gedemütigt, Blanche scheint zu triumphieren. Der Moment scheint gekommen, wo Stella sich von ihrem, wie Blanche es sieht, wild gewordenen „Polacken" losreißt und mit Blanche das alte, vertraute Leben neu beginnt. Aber gleich kommt die Enttäuschung: Stella kriecht zu Stanley zurück! Elia Kazan, der die elf Szenen des Stükkes mit „poetic names" versehen hat, charakterisiert die dritte so: ‚Blanche breaks them (Stanley and Stella) apart, but when they come together, Blanche is more alone than ever!" (Kazan, S.365)

Phase 5: Mitch als Retter

Aber ist sie wirklich so allein? Gibt es nicht Mitch, der ihr den Schutz geben könnte, den sie sucht? Nach der ersten Schilderung könnte er es sein; er ist allein mit seiner Mutter, hat – ähnlich wie Blanche ihren jungen Ehemann – ein junges Mädchen verloren, das er liebte. Zwar sind die Unterschiede nicht unbedeutend: er ist einfacher Lagerarbeiter, ohne große Bildung, naiv und ein tapsiger Bär. Aber er kommt für Blanche wie ein Retter zur rechten Stunde. Nachdem Stella sich wieder mit Stanley versöhnt hat, heißt es in der Bühnenanweisung: „(Blanche) catches her breath as if struck. She rushes down to the walk before the house. She looks right and left as if for a sanctuary." (S.40, 26f.) Da erscheint Mitch. In dem kurzen Dialog sagt Blanche zu ihm: „Thank you for being so kind! I need kindness now." (S.41, 11) Das Personendreieck ist zu einem Viereck geworden. (Vgl. Skizze auf dem Stundenblatt.)

Phase 6: Die dramatischen Gestaltungselemente der Szene

Der dramatische Aufbau der Szene verdient eine nähere Betrachtung. Als Unterrichtsform ist an Gruppenarbeit zu denken, wobei die Aspekte: Stimmungskontraste, Spannungselemente und Symbolik, untersucht werden können. Um die Ergebnisse zu sichern, wird der Lehrer eingehend mit den einzelnen Gruppen arbeiten müssen.

Als Ergebnisse der Gruppenarbeit werden erwartet:

Stimmungskontraste: Dem wütenden, alkoholisierten Stanley werden die anderen Pokerspieler gegenübergestellt, die eher ruhig, nüchtern und zurückhaltend erscheinen. Mitch wirkt ihm gegenüber anfangs deprimiert; später wird seine relativ gute Erziehung und seine im Vergleich zu Stanley besser entwickelte Sensibilität gegenüber einer Frau herausgestellt. Die Stimmung der beiden Frauen ist nach dem Nachtbummel zunächst heiter; im Verlauf der Szene machen sich vor allem Entrüstung und Ekel gegenüber dem betrunkenen Mann breit. – Besonders eindrucksvoll wirken die fortlaufenden Gegenüberstellungen hektischer und ruhiger, um nicht zu sagen „romantischer“ Passagen.

Spannungselemente: In keinem Augenblick ist klar, wer in dieser Szene „siegen“ wird. Zunächst sieht alles nach einer Niederlage Stanleys aus, zumal Stella auf seiten Blanches zu stehen scheint. Daß Stella sich dann doch von ihrer triebbestimmten Bindung an Stanley leiten läßt, erscheint etwas überraschend. Andererseits weiß man aus der Exposition, daß sie schon längere Zeit mit ihrem Mann lebt, die Beziehung zu ihm also relativ intensiv und stabil sein muß; außerdem bildet das Kind, das sie erwartet, eine starke Bindung.

Blanche, die eben die schwere Niederlage erlitt, hat dennoch keinen Grund zur Verzweiflung. Die Hoffnungen, die sie auf Stella gesetzt hat, haben sich zwar nicht erfüllt, aber es zeigt sich in der Gestalt Mitchs eine neue Möglichkeit. Damit bleibt nach wie vor alles offen.

Symbolik: Über die Farben- und Lichtsymbolik ist bereits das Wesentliche gesagt worden (vgl. S. 25/26).

Auf einen weiteren Punkt sei noch hingewiesen, der aber wohl nur mit Hilfe des Lehrers richtig erkannt werden kann: die Bedeutung des Badezimmers. Auf der realistischen Ebene ist es für Mitch der Ort der „Entlastung“ nach dem Genuß des Bieres; für Blanche bedeuten Bäder eine Beruhigung für ihre Nerven. Wie sich herausstellen wird, hat das Baden für B. aber auch einen symbolischen Sinn: Reinigung von ihrer Schuld. Wenn sie nun Mitch vor diesem für sie so wichtigen Raum kennenlernt, könnte dies bedeuten, daß er für sie der Anfang eines neuen, „reinen“ Lebens wird.

Hausaufgabe

Damit die Schüler das Dramatische des Geschehens noch deutlicher in den Griff bekommen, sollen sie versuchen, die Handlung in Form einer Kurzgeschichte wirkungsvoll wiederzugeben. Dies kann, wenn noch Zeit bleibt, am Ende der zweiten Stunde angefangen und als *Hausaufgabe* vollendet werden. Dabei werden sie erkennen, daß bei einer solchen Umsetzung viel von der dramatischen Spannung verlorengeht.

Weitere HA: Vorbereitung von Sc. 4

3. Sequenz (7.–9. Stunde): Blanche – Central Character of the Play

Die vorausgehende Unterrichtssequenz hatte sich zum Ziel gesetzt, die Charaktere vertieft zu betrachten und die Entwicklung der Konflikte bis zum ersten Höhepunkt in Sc. 3 zu erkennen. Die erste Auseinandersetzung der beiden Hauptkontrahenten hatte mit Stanleys Sieg geendet. Die jetzt folgende Sequenz soll erhellen, wie Blanche nach der für sie katastrophalen Pokernacht

- verstärkt um ihr inneres Überleben kämpft,
- dabei besonders um Stella ringt (in Sc. 4 erfolglos; in Sc. 5 mit Teilerfolg),
- neue Hoffnung erfährt dadurch, daß Mitch, für den sie bereits in Sc. 3 Interesse zeigte, auch an ihr Interesse zeigt (Sc. 6).

Obwohl Blanches Widersacher, Stanley, in den drei Szenen der Unterrichtseinheit weitgehend in den Hintergrund tritt, ist sein Einfluß allgegenwärtig.
Stella, die in den Szenen 1–3 vorwiegend als Dialogpartnerin Blanches oder Stanleys fungierte, entwickelt besonders in Sc. 4 mehr Eigenleben.
Die Sequenz umfaßt drei Stunden, wobei auf die Besprechung jeder Szene eine Stunde entfällt.

7. Stunde: Desire – Central Motif of the Figures (Scene 4)

Der Lehrer muß sich entscheiden, ob er die anstehende Hausaufgabe der „Episierung" der Sc. 3 so ernst nimmt, daß er dafür eine ganze Stunde „opfert" oder die Stunde so halbiert, daß in der ersten Hälfte die Hausaufgaben einigermaßen gründlich durchgesprochen werden und er sich in der zweiten mit knappen Interpretationsergebnissen begnügt.
Wie immer er sich entscheidet, die Analyse der Szene sollte zwei Schwerpunkte haben:

1. Das Verhalten der beiden Schwestern nach der Poker Night zu ergründen und
2. den Komplex „desire" zu verstehen suchen.

Da es sich um eine der wenigen Szenen handelt, in der Stella nicht nur mehr oder weniger Dialogpartnerin ist, soll auch ihre Gestalt mehr als sonst im Mittelpunkt der Betrachtung stehen.

Phase 1: Besprechung der Hausaufgaben

Die von den Schülern in häuslicher Arbeit angefertigte „Episierung" der Sc. 3 wird zu Beginn von mehreren vorgetragen und von allen besprochen. Mit Sicherheit werden alle feststellen, daß die

äußere und innere Spannung verlorengegangen ist. Das Aufeinanderprallen der Gegensätze ist in epischer Form nicht mit der gleichen Intensität darstellbar.
Es folgt die mündliche Inhaltsangabe der Sc. 4. Der sprachlich leichte Text dürfte den Schülern keine Schwierigkeiten bereitet haben.

Phase 2: Die Konstellation nach der Pokernacht

Die Szene, die am Morgen nach der wilden Pokernacht spielt, stellt die beiden Schwestern in stärkstem Kontrast vor. Von daher erscheint es sinnvoll, in zwei Gruppen die Reaktion Blanches und Stellas auf die Geschehnisse herauszuarbeiten. Die Gruppe, die über Stella nachzudenken hat, könnte, wenn keine anderen Vorschläge vorliegen, mit der Bühnenanweisung beginnen: „Her face is serene in the morning sunlight. ... Her eyes and lips have that almost narcotized tranquility that is in the faces of Eastern idols" (S. 42; 4). Zur Deutung sei ein Textauszug aus B. Vahland herangezogen: „Fast macht Stella in dieser Pose den Eindruck, als stünde sie unter dem Einfluß einer Droge (sie erscheint ‚narcotized'), die das intellektuelle, das kritische Bewußtsein nahezu völlig ausschaltet; in der Tat ist gerade das die Wirkung, die die Verbindung mit Stanley auf sie ausübt. Vor allem aber strömt dieses Bild die gelassene Ruhe eines Menschen aus, der sich in einem vollständigen Einklang mit seiner Umwelt und mit sich selbst befindet. ... Diese Totalität der Übereinstimmung, die durch eine vollständige Anpassung erzielt wird, wirkt um so eindringlicher, als die Anwesenheit Blanches im Verlauf der Handlung den völlig andersartigen Hintergrund erkennen läßt, vor dem Stella ihre Kindheit und Jugend verbracht hat. ... Von der Welt Stanleys aber, die sie jetzt zu der ihren macht, läßt sie sich nicht nur prägen, sie macht sie vielmehr zu einem festen Bestandteil ihres Wesens; indem sie sich auf uneingeschränkte Weise mit ihr identifiziert, wird sie zu einer anderen, einer neuen Persönlichkeit. Sie ändert ihre Identität." (Vahland, S. 39)
Wenn die Gruppenarbeit nicht vorankommt, kann der Lehrer, sich auf das Zitat beziehend, etwa folgende Hilfsfragen stellen: What does „narcotized tranquility" mean? Why is Stella tranquil, whereas Blanche is being hysterical? Has Blanche's appearance brought about a change in Stella's state of mind? Has she changed her identity?
Die Schülergruppe muß nach ihrer Arbeit erklären können, warum Blanches Versuche, die Schwester für sich zu gewinnen, scheitern müssen, warum Stella nicht versteht, daß sie in einem „fix" (S. 43; 35) sein soll, aus dem sie gerettet werden müßte. Stella hat sich für ein Leben entschieden, für das nach Blanches Worten „brutal desire" (S. 47; 12) die Grundlage ist. (Eine eingehende Diskussion des Begriffs „desire" findet in der letzten Stundenphase statt.) Die „tranquility" ihres Gesichtsausdrucks zeigt, daß der Kampf in ihrem Innern – wenn er je ausgetragen wurde – zwischen dem Streben nach höheren Formen des Daseins und der Hingabe an eine vorwiegend sexuell bestimmte Bindung längst entschieden ist. Daran hat auch das Verhalten ihres Mannes in der

Nacht davor nichts geändert. Vorübergehendes Empörtsein gegen Stanley steht hierzu nicht in Widerspruch.
Sie hat die Ruhe und Geborgenheit gefunden, die Blanche vergeblich sucht – wenn auch zu einem Preis, der Blanche zu hoch erscheint.
Die Schülergruppe, die über Blanche arbeitet, sollte vor allem Klarheit darüber zu gewinnen suchen, warum Blanche in dieser Szene noch einmal einen so energischen Versuch unternimmt, die Schwester für sich zu gewinnen und mit Hilfe Shep Huntleighs zusammen ein neues Leben zu beginnen: Mag sie noch so sehr in weltfremder Illusion verhaftet sein, sie weiß, was sie will. Denn mit Stella an der Seite könnte sie in der Tat neu zu leben beginnen. Sie könnte an Stanley, der sie immer neu demütigt, auf diese Weise Rache nehmen und ihn in seine Schranken verweisen.
Die Schüler sollen vor allem auch versuchen (wohl nicht ganz ohne Hilfe des Lehrers), Blanches letzten, verzweifelten Versuch richtig zu bewerten, in dem sie in eindringlicher Rede Stanley als den Führer einer Horde Affen darstellt (S. 48). In ihrer „Anthropologie" haben Stanley und seine Genossen einen Schritt zurück in der Entwicklung des Menschen gemacht.
Doch ihr Appell an Stella: „Don't hang back with the brutes!" (S. 48; 30) ist vergebens; denn als Stanley sich zeigt, heißt es in der Bühnenanweisung: „Stella has embraced him with both arms, fiercely, and full in the view of Blanche." (S. 49; 9)
Blanche sieht Stanley ebenso eindimensional, wie Williams selbst ihn in der Bühnenanweisung S. 19 und auch anderswo beschrieben hat. Die ungewöhnlich harten Worte Blanches über ihren Widersacher werden verständlicher, wenn man bedenkt, daß sich Stanley in der vorausgehenden Szene tatsächlich wie ein Tier aufgeführt hat.
Nach dem Austausch der Ergebnisse der beiden Gruppen sollte noch ein Blick auf das Personendreieck geworfen werden. Die Konstellation hat sich nicht geändert, aber die Beziehungen der Personen zueinander sind klarer, eindeutiger geworden. Für die Beziehung Blanche – Stanley gilt, daß Williams aus beiden Kontrahenten „victims" und „victimizers" macht: Stanley ist zunächst das Opfer des Eindringlings, macht sie aber zunehmend zu seinem Opfer. Als Blanche auf ihrer Flucht vor dem Verhängnis in Stanleys schäbigem Heim Schutz zu finden sucht, ist sie Opfer. „Andere" sind es, die sie jagen. Aber manchmal ist auch sie eine der „anderen", indem sie versucht, einen Keil zwischen die Eheleute zu treiben und Stanley mit ihrer Arroganz lächerlich zu machen. Um Williams' Bilder aufzugreifen, ist sie sowohl „moth" als auch „tigress".
Um Stanleys spätere Handlungsweise zu begreifen, ist es wichtig, herauszustellen, daß er die Unterhaltung der beiden Frauen mitanhört. Zu den sachlichen und emotionalen Gründen, die ihn veranlassen, Blanche aus seinem Haus zu treiben, kommt noch ein neuer: Beleidigung. Entsprechend faßt Kazan die Szene so zusammen: „Blanche, more desperate because more excluded, tries the direct attack und makes the enemy who will finish her."

Phase 3: Das Motiv „desire“

Als dritte Phase dieser Stunde wird mit den Schülern der zentrale Begriff „desire“ eingehender diskutiert. Blanche faßt Stellas Bekenntnis zu Stanley in dem Satz zusammen: „What you are talking about is brutal desire – just – Desire! – the name of that rattle-trap streetcar that bangs through the Quarter…“ (S.47; 17). Die Schüler werden ohne Schwierigkeit erkennen, daß sich Stellas Verhältnis zu ihrem Mann für Blanche als rein physische „Lust“ darstellt. Blanche sieht dies vollkommen richtig, denn der Autor hat Stella als eine Frau charakterisiert, die, wie bereits gesehen, die höheren Formen der Liebe und eine mehr geistige Lebensart, die ihr von ihrer Herkunft her näherstehen müßte, bereits abgelegt hat, als das Spiel beginnt.

Ein Verweis auf Blanches Satz „They told me to take a streetcar named Desire…“ (S.11;6) und auf den Titel des Dramas bringt die Schüler darauf, daß „desire“ verschiedene Bedeutungen haben kann. Zur Erschließung der verschiedenen lexikalischen Bedeutungen von „desire“ kann an dieser Stelle ein ausführliches Wörterbuch zu Rate gezogen werden. Gewiß, die alte Straßenbahn mit dem symbolischen Namen bringt auch Blanche in das Haus, wo „desire“ „Lust“ und „Sinnlichkeit“ bedeutet. Auch Blanche hat „desire“ in diesem Sinn reichlich genossen, wie das Fortschreiten der Handlung zeigen wird, und ist auch Mitch und Stanley gegenüber zu triebhaftem Handeln bereit. Aber in dem angegebenen Zitat und besonders im Titel schwingt auch die andere Bedeutung von „desire“, nämlich „Sehnsucht“, mit. Im Gespräch mit den Schülern müßte die Ambivalenz des Begriffs zumindest andeutungsweise klar werden: Stanley und Stella kennen nur „brutal desire“, d.h. triebhaftes Sichausleben wie Tiere. Blanche kennt beides: primitive Triebbefriedigung wie auch „Sehnsucht“ nach Geborgenheit, Friede, Erfüllung auf höherem geistigen Niveau.

Hausaufgabe

Als Hausaufgabe (evtl. nur für Freiwillige) wird vorgeschlagen: Imagine Stanley says to Stella that he has overheard their talk. He comments on Blanche's words p.48 (schriftlich). Alle bereiten die nächste Szene vor.

8. Stunde
Blanche's Relation to Reality/ Her Self-assessment (Scene 5)

Obwohl die Szene außer Stanleys ersten Verdachtsäußerungen (S. 52) und Blanches erster Andeutung eines Schuldeingeständnisses (S.53) die Handlung nicht weitertreibt, sollte sie trotzdem besprochen werden. Denn sie gibt Gelegenheit, das Charakterbild Blanches um einige wichtige Aspekte zu erweitern, insbesondere über ihr bisher sichtbar gewordenes Verhältnis zur Realität (Phase 2) nachzudenken sowie über ihren Versuch, sich selbst bei den „soft people“ einzuordnen (Phase 3).

Phase 1: Besprechung der Hausaufgaben

Als ersten Teil der Hausaufgaben hatten die Schüler (möglicherweise nur einige Freiwillige) eine fingierte Entgegnung Stanleys auf Blanches Tirade (S. 48) gegen ihn zu schreiben. Diese Aufgabe erscheint sinnvoll, da sie durch die erforderliche starke Polarisierung die beiden Welten, die hier aufeinanderprallen, gut sichtbar macht. Die Arbeiten der Schüler sollten folgende Punkte enthalten: Stanley ist stolz darauf, ein „Prolet" zu sein, zeigt dies doch, daß er zupacken kann und mit beiden Beinen auf dem Boden steht. Für ihn ist die Entwicklung der Menschheit zu einem Produkt wie Blanche hin eher eine Fehlleistung der Natur, da diese Menschen schwächlich und abhängig sind. – Blanches Worte über ihn als Anführer einer Affenhorde wird er als Beleidigung auffassen, da er nur das Schimpfwort „Affe" hört und zu ungebildet ist, um Blanches Pseudo-Darwinismus zu verstehen.

Phase 2:
Blanches Verhältnis zur Realität

In dieser Phase soll versucht werden, Blanches Verhältnis zur Realität etwas genauer anzugehen. Was ist für sie die Realität? Die wahren Gründe für ihre Flucht aus Beruf und Wohnort sind für die Schüler zu diesem Zeitpunkt nur vage bekannt. Aber sie wissen, daß Blanche in eine Welt geworfen wurde, die sie wegen ihrer Schäbigkeit und Armseligkeit abstößt. Die Schwester, die sie nach langer Zeit wieder sieht, hat sich den Verhältnissen angepaßt und versteht sie kaum mit ihren Schwierigkeiten. Der Schwager, aus ganz anderem Holz als sie geschnitzt, wird, mitbedingt durch ihre eigene Schuld, zu ihrem Feind.

Wie reagiert sie auf diese Realität? Rückschauend auf die bereits behandelten Szenen werden die Schüler erkennen, wie es Blanche zunehmend schwerfällt, die Realität zu akzeptieren. Bereits zu Beginn, als sie die Wirklichkeit sieht, in der ihre Schwester lebt und die sie selbst für einige Zeit wird teilen müssen, ist zu sehen, wie sie Auswege sucht, den Beteiligten gegenüber die Gebildete, Überlegene herauskehrt und so versucht, diese Realität für ihre eigene Person nicht anzuerkennen. Ihr Bericht vom „Verlust" des Hauses Belle Rêve beweist, daß sie den realen Dingen des Lebens hilflos gegenübersteht. Überdies ahnt der Leser, daß die Schilderung ihres Lebens auf Belle Rêve, das sie als Kontrastfolie zu Stanleys Welt benutzt, mehr von Wunschdenken als von Realität bestimmt ist. Auch hier scheint sie sich in Illusionen zu flüchten.

In Sc. 2 versucht sie, ob bewußt oder unbewußt sei dahingestellt, durch einen kleinen Flirt mit Stanley ihre weibliche Überlegenheit zu beweisen, obwohl sie wissen müßte, daß Stanley für derartige Spielchen nicht der richtige Mann ist und daß sie eigentlich schon ein wenig zu alt dafür ist. Sehr deutlich wird ihre Flucht aus der Realität in die Illusion im Gespräch mit Stella nach der Pokernacht, als sie Stella vollkommen falsch einschätzt und auf den halbimaginären Shep Huntleigh als Retter verfällt.

Auch in der jetzt zu besprechenden Szene verstärkt sich für den Leser/Zuschauer zunehmend der Eindruck, daß

sich bei Blanche Realität und Illusion vermischen.
Williams selbst läßt die Stimmung in der Szene zwischen den Polen eines krassen Realismus und einer irrealen Phantasiewelt schwanken. So wird Blanches phantasievoller Brief an Shep Huntleigh unterbrochen durch den sehr erdnahen Ehekrach des faunhaften Steve mit seiner Eunice samt gleich darauf folgender Versöhnung. Blanches Interpretation der Sternzeichen (er: Steinbock bzw. „goat"; sie: Jungfrau) nimmt Stanley zum Anlaß, um – äußerst realistisch – seinen Verdacht wegen ihrer Tätigkeit im Hotel Flamingo anzudeuten.
Dem gegenüber steht wiederum Blanches Neigung, die Realität zu negieren bzw. umzudeuten, wie es im Gespräch mit Stella offenkundig wird.
Der Wechsel zwischen Realismus und Phantasiewelt wird ebenfalls deutlich, als die gleiche Blanche in der Schlußepisode mit dem Zeitungsjungen flirtet. Hierzu Oppel:

„Wenn Blanche am Ende der fünften Szene ihre Verführungskünste an einem ‚Young Man' demonstriert, der ihr zufällig über den Weg läuft, so wird dadurch einerseits mit fast aufdringlicher Deutlichkeit bekundet, auf welche Weise sie in Laurel zu einem so bedenklichen Ruhm gelangt…; es wird aber andererseits auch nicht weniger spürbar, daß sie selbst (die in dem Zeitungsjungen ‚a young prince out of the Arabian Nights' sieht) ein Opfer ihrer geradezu üppigen Phantasie und ihres unwiderstehlichen Verlangens nach romantischer Schönfärberei und lyrischer Verbrämung auch des Alltäglichen oder sogar des Gemeinen geworden ist." (Oppel, Das amerik. Drama, S. 201)

Illusionen hegen und Rollen spielen sind Synonyme. Die Szene zeigt in nuce, was Kazan von den elf Szenen des gesamten Stückes meint: „She (Blanche) is playing all different people." Die Schüler sollten folgende Rollen erkennen: die der (alternden) „Southern belle" (Anfang der Szene; Begriff durch den Lehrer einführen!), der prüden „middle class woman" (Gespräch mit Stanley) und der Verführerin (Ende der Szene).

Phase 3:
Blanches Bild von sich – soft people

Um voreilige Schlüsse zu vermeiden, empfiehlt es sich hier noch nicht, mit den Schülern detailliert auf die Stelle einzugehen, an der Blanche andeutet, in Laurel sexuellen Kontakt mit Fremden gehabt zu haben. Die Einsicht in ihre Motive hierzu ergibt sich erst im Laufe der Besprechung der nächsten Szenen. Wichtig für das Verständnis Blanches an dieser Stelle ist vielmehr, daß sie sich den „soft people" zuordnet (S. 53; 11). Eine Analyse der Stelle wird den Schülern klarmachen, daß Blanche hierunter Menschen versteht, die zu schwach sind, um für sich allein zu stehen, und für die es eine Existenzfrage ist, von anderen, den „hard ones", anerkannt zu werden. Dabei spielt der Preis für die Anerkennung keine Rolle.
Wie sie es darstellt, zahlte sie als Preis für männliche Anerkennung, daß sie mit ihnen schlief. Um nicht im Regen zu bleiben, müssen „soft people" ihrem grauen Dasein Glanzlichter aufsetzen, damit sie beachtet werden. Ein bißchen „deception" (S. 55; 3), ein wenig Illusion (wie die Lampe mit dem Lampionschirm) ist erlaubt, ja, lebensnotwendig. Nur so, glaubt Blanche, konnte sie den Stürmen des Schicksals trotzen.

(Wer das Thema „soft people“ erweitern möchte [vielleicht erst zu einem späteren Zeitpunkt], sei auf eine Beobachtung F. Links [vgl. Literaturverzeichnis] hingewiesen, der drei für „soft people“ typische Reaktionen erkennt, die sich an Blanche nachweisen lassen. Sie versucht erstens, in die reine Illusion zu entkommen [Shep Huntleigh]. Sodann wagt sie es, trotz ihrer Entgleisungen von Laurel, eine Bindung mit einem Menschen einzugehen [Mitch]. Die dritte Reaktion bestand darin, daß sie in ihrer seelischen Not und Verlassenheit auch Erfüllung für nur eine Nacht suchte. Ein Nachhall dieser Einstellung findet sich in Blanches Bemühen, attraktiv um jeden Preis erscheinen zu wollen, und, speziell in Sc. 5, in dem Flirt mit dem Zeitungsjungen.)
Eine vorläufige zusammenfassende Charakterisierung Blanches durch die Schüler sollte etwa folgendes enthalten: Ihr Charakter ist uneinheitlich. Ihr ist sicherlich an der Verwirklichung eines idealen, über das Nur-Sinnliche hinausgehenden Lebens gelegen. Mit den Realitäten des Lebens konfrontiert, weicht sie aus. Lieber hegt sie Illusionen und versucht, auch andere über sich zu täuschen.

Hausaufgabe

Als Hausaufgabe wird neben der üblichen Vorbereitung der nächsten Szene für alle noch folgendes vorgeschlagen: Zwei Schüler interpretieren unabhängig voneinander und ohne jede Vorgabe durch den Lehrer Sc. 6. Einzige Vorbedingung: Einbeziehung der seitherigen Interpretationsergebnisse.

9. Stunde: Mitch – Blanche's New Hope (Scene 6)

Ähnlich wie die zweite Unterrichtseinheit mit der wichtigen Sc. 3 abschloß, steht am Ende der dritten die kaum minder bedeutsame Sc. 6. Sie läßt Blanches Motive erkennen oder ahnen, spannt den Bogen von Allan zu Mitch, rückt Mitch in die mögliche Rolle des Retters Blanches und macht eines der großen Themen dieses Dramas: Aufgabe, Bewährung und Versagen erkennbar. Im Mittelpunkt der Betrachtung sollen diese drei Themen stehen:
- eine erweiterte Betrachtung des Charakters Mitchs
- Blanches Beziehung zu Mitch
- ihre Erzählung vom Tode Allans.

Phase 1:
Besprechung der Hausaufgaben

Bei der häuslichen Vorbereitung des Textes haben sich vielleicht einige aufmerksame Schüler gefragt, wie Blanches Satzfragmente S. 63; 18 zu ergänzen sind. Vervollständigt, könnte der Text etwa lauten: „He hates me. Or why should he insult me? (I don't see any logical reason.) Of course there is such a thing as the hostility of (sexes). (But) perhaps in some perverse kind of way he (desires me). – No! To think of it makes me (sick).“ Ein vertieftes Verstehen der Stelle – wenn sie richtig ergänzt ist – ist erst in der Rückschau möglich, vor allem bei der Besprechung der Vergewaltigungsszene (Sc. 10). Es wird daher abgeraten, hier auf eine vertiefte Diskussion einzugehen.

Im zweiten Teil der Stundenvorbereitung hatten zwei Schüler selbständige Interpretationen von Sc. 6 vorzubereiten. In diesem Stadium sollten die bisherigen Ergebnisse so gefestigt sein, daß eigenständige Interpretationen möglich sind.

Sinnvoll ist es, die Interpretationen beider Schüler erst am Schluß der Stunde vorstellen zu lassen. Dann können divergierende Auffassungen zu der mit der ganzen Klasse erarbeiteten Interpretation festgestellt und produktiv diskutiert werden.

Phase 2: Mitchs Charakter

Der kurze Auftritt Mitchs in Sc. 3 war noch nicht geeignet, ein detailliertes Bild seines Wesens zu entwerfen. Wenn die Schüler jetzt aufgefordert werden, in gemeinsamer Arbeit Mitch zu charakterisieren, sollen sie jedoch auf die damalige Analyse zurückgreifen und beurteilen, ob die bei der Besprechung von Sc. 3 geäußerten Vermutungen zutreffen.

Zusätzlich erhalten die Schüler zwei kurze Textauszüge ausgehändigt, die Mitchs Charakter zum Thema haben. Die Schüler erhalten den Auftrag, zu überprüfen, inwieweit ihre Charakterisierungen mit den in den Texten geäußerten Meinungen übereinstimmen. Außerdem sollen sie für die einzelnen Charakterzüge, die in den Texten angeführt werden, Belegstellen aus dem Text finden.

Der bereits mehrfach zitierte Regisseur Kazan schreibt über die Rolle des Mitch:

„Mitch is Blanche's ideal in a comic form, 150 years late. He is big, tough, burly, has a rough southern voice and a manner of homespun, coarse, awkward, overgrown boy, with a heart of mush. ... He is a little embarrassed by his strength in front of women. ... Against his blundering strength there is shown off the fragility and fragrance of a girl. Her delicacy. ‚Lennie' in Mice and Men.

Mitch, too, is most interesting in his basic contradictions. He doesn't want to be Mother's Boy. Goddamn it he just can't help it. He does love his Mother, but he is a little embarrassed at how much. Blanche makes a man out of him, makes him important and grown-up. His Mother – he dimly realizes – keeps him eternally adolesent, forever dependent. ... The reason he's so clumsy with women is that he's so damn full of violent desire for them.

This play contains the crucial struggle of Mitch's life. For Mitch instinctively and even consciously, to a degree, knows what's wrong with him. He is jibed at often enough. And in his guts he knows they're right. Mitch, in his guts, hates his Mother. He loves her in a way – partially out of early habit, partially because she is clever – but much more fundamentally he hates her. It is a tragedy for him when he returns to her absolute sovereignty at the end. He will never meet another woman who will need him as much as Blanche and will need him to be a man as much as Blanche." (Kazan, p. 378/9)

Es sei dahingestellt, ob auch die Schüler den Haß auf die Mutter, den Kazan herausstellt, sehen. Falls der Lehrer das Zitat verwenden möchte, muß er es auf eine spekulative Diskussion ankommen lassen, da der Text keine ausreichende Grundlage für Kazans Behauptung hergibt.

Einen weiteren Aspekt sieht Nelson:

„Mitch is the gentleman Blanche has been seeking for so long. But he is a last remnant of her ideal. Big, clumsy, gawking, he is a caricature of a Southern gentleman, and yet – curiously – he is a gentleman. He is good and kind and he sees something Stanley can never see: the true quality of a lady." (Nelson, p. 144)

Phase 3: Blanches Beziehung zu Mitch

Die Gründe, warum beide, Blanche und Mitch, eine Verbindung eingehen wollen, liegen auf der Hand. Sowohl Blanche als auch Mitch haben einen geliebten Menschen durch den Tod verloren. Beide wollen von etwas loskommen: Mitch von der Bindung an die Mutter, Blanche von ihrer Vergangenheit. So unvereinbar auch die Charaktere und der soziale Hintergrund der beiden sein mögen – die Verbindung könnte gelingen: Mitch sieht in Blanche die makellose Dame, die er seiner Mutter ins Haus bringen kann; sie in ihm den Gentleman (oder das, was sie in ihrer gegenwärtigen Situation als solchen anzusehen gezwungen ist!). Beide sind sensible Naturen. Beide sind aber auch voller „desire" (vgl. S. 61; 35 und S. 62; 7).

Blanche muß ein riskantes Spiel treiben. Sie fühlt sich verpflichtet, Mitch gegenüber die Rolle der Dame weiterzuspielen, da sie merkt, daß Mitch sie nur so akzeptiert. (Der weitere Verlauf der Handlung zeigt auch, daß Mitch die Wahrheit über Blanche nicht erträgt; vgl. Sc. 9.)

Gleichzeitig muß sie ihn ermuntern, damit er sich nicht zurückgestoßen vorkommt:

Mitch: I am ashamed of the way I perspire. My shirt is sticking to me.
Blanche: Perspiration is healthy... (S. 60; 24f.).

Zum ersten Male seit ihrer Ankunft in New Orleans fühlt Blanche etwas wie Euphorie. Denn sie hat jetzt die Geborgenheit in Aussicht, die ihr sonst immer und überall verwehrt worden ist. Trotz der „utter exhaustion", die die Bühnenanweisung für Blanche vorschreibt (S. 58; 3), fühlt sie sich für kurze Zeit auf dem Höhepunkt. Die französische Frage „Voulez-vous coucher avec moi ce soir?" (S. 60; 14) drückt ihr Überlegenheitsgefühl aus, verhüllt aber auch ihre eigenen Sehnsüchte. „Vous ne comprenez pas?" bedeutet natürlich nicht nur, ob er die französische Frage versteht!

Trotz der Sympathie, die die beiden verbindet, kommt also keine echte Kommunikation zustande. Das Einander-nicht-verstehen-können kommt gelegentlich der Komik sehr nahe: Die Situation ist so, daß beide „es" wollen, aber die eine es nicht sagen will und der andere es nicht sagen kann.

Beide täuschen sich gründlich in der Person des anderen, und eigentlich ist jedem aufmerksamen Leser/Zuschauer bereits in dieser Szene klar, daß eine Beziehung, die auf so irrigen Voraussetzungen aufbaut, nicht dauerhaft sein kann und ein Happy-End für Blanche demnach nicht in Sicht ist.

Als Unterrichtsform bietet sich in dieser Phase Arbeit in zwei Gruppen an, von denen die eine die Verbindung aus der Perspektive Blanches, die andere sie aus dem Blickwinkel Mitchs betrachtet. Die Ergebnisse werden an der Tafel festgehalten und Gemeinsamkeiten unterstrichen.

Phase 4: Blanches Erzählung vom Tode ihres Ehemanns

Obgleich echte Kommunikation zwischen Blanche und Mitch in dieser Szene kaum gelingt, gibt es doch eine Stelle, wo sich die beiden wesentlich näherkommen. Das ist der Augenblick, als Blanche, motiviert durch das Stichwort Einsamkeit und der Stimmung des Augenblicks folgend, Mitch von dem Tod ihres jungen Ehemanns erzählt. Nach ihrer eigenen Darstellung verweigerte sie Allan nicht nur die Hilfe und den Schutz, den er suchte, sondern sie trieb ihn mit ihren erbarmungslosen Worten „I saw! I know! You disgust me…“ (S. 65; 20) in den Selbstmord. Dieses Ereignis war für Blanche ein Schlüsselerlebnis und wird von Williams wie ein Schlüssel zum Verständnis seines Werkes verwendet. Deshalb sollte das Schüler-Lehrer-Gespräch hier ganz besonders intensiv geführt werden. Als Ausgangspunkt gibt der Lehrer einige kurze Informationen zum Thema Homosexualität in den USA zu der Zeit, in der das Stück spielt.

Er muß ihnen klarmachen, daß für homosexuelle Handlungen in den Vereinigten Staaten wie in fast allen anderen Ländern der Welt Strafen drohten und daß es sich dabei nach damaliger Auffassung um eine besonders ehrenrührige, ja ekelerregende Perversion handelte.

Obwohl Blanche also nach dem Moralkodex ihrer Zeit durchaus verständlich reagierte, fühlt sie sich trotzdem schuldig. Sie versagte, als es galt, einem Menschen in innerer Not Schutz und Vertrauen zu schenken. Ihre Schuldgefühle sollten nicht als Sünde im religiösen Sinne aufgefaßt werden. Und doch ist Blanche voller Bedürfnis nach Erlösung: Es wird symbolisch deutlich in ihrem dauernden und zunehmenden Verlangen nach körperlicher Reinigung. Die Psychologie würde von einem „Waschzwang“ sprechen.

Zwei Gründe machen es deutlich, daß aus dem Blickwinkel Blanches die Ereignisse um den Tod Allans für ihr Leben entscheidend wurden: Sie redet an keiner anderen Stelle darüber, nur hier in einem Moment echter menschlicher Beziehung. Zum andern verzichtet sie, wie bei ihr sonst üblich, auf jede entschuldigende Erklärung gegenüber Mitch. Diese wäre nicht schwer zu finden, da, wie schon oben gezeigt, „Recht“ und „Sitte“ auf ihrer Seite waren.

Die alte Geschichte von der nicht gewährten Hilfeleistung bekommt plötzlich ihren aktuellen Bezug, als Mitch ins Rampenlicht rückt. „You need somebody. And I need somebody, too“ (S. 65; 26), sagt er und läßt damit erkennen, daß er sie beide als Schutzbefohlene sieht. Mit Recht, denn er braucht Schutz vor Einsamkeit und den Mut, sich von der Mutterbindung zu lösen, der ihm bisher gefehlt hat. Blanche, auf Grund der Umstände und ihrer eigenen Fehler am Rande der seelischen Desintegration, braucht den Schutz noch mehr.

Die Frage ist, ob beide die Bewährungsprobe bestehen können, ob z. B. Mitch in der Lage sein wird, zu Blanche zu stehen, wenn er Einsichten in ihr Vorleben erlangt. Die Schüler werden die Frage wohl eher negativ beantworten, da die Charakterisierung Blanches und Mitchs dies nahelegt.

Phase 5: Nonverbale Symbolik

Nachdem dieser Begriff geklärt ist, fordert der Lehrer die Schüler auf, die Verwendung akustischer Symbole in dieser Szene zu untersuchen. Dabei geht es vor allem um zwei Stellen:

1. In dem Augenblick, als Blanche erzählt, daß sie Allan mit seinem homosexuellen Freund antraf, donnert eine Lokomotive am Haus vorbei. Für Blanche ist sie das Sinnbild der zerstörerischen Männlichkeit, das sonst nur mit Stanley in Verbindung gesetzt wird, hier aber den Unbekannten meint, der ihre Ehe zerstört.

2. Zum ersten Male ist auch die Varsouviana zu hören, die Polka, die die Kapelle spielte, als Allan starb. Bis zum Ende des Stückes ist sie immer leitmotivartig zu vernehmen, wenn Blanche einen weiteren Schritt in Richtung auf ihren seelischen Tod geht. Hier verklingt sie, als Blanche sich in Mitchs Armen geborgen fühlt. Schon jetzt ist darauf hinzuweisen, daß die Musik nicht nur in Blanches Kopf existiert, sondern für die Zuschauer vernehmlich ist. Um seelische Vorgänge plastischer darstellen zu können, verzichtet der Autor auf die konsequente Einhaltung der dramatischen Illusion.

Hausaufgabe

Die Schüler sollen
– die nächste Szene vorbereiten und
– einen Bericht ausarbeiten, den Mitch am nächsten Tag seiner Mutter über Blanche gibt (Aussehen, Alter, Beruf, Charakter, Schicksal usw.). Statt des Berichts kann auch ein Dialog zwischen Mutter und Sohn verfaßt werden.

4. Sequenz (10.–12. Stunde): The Stations of Blanche's Final Destruction

Viel stärker als zuvor tritt nun Stanley in den Mittelpunkt des Dramas. Er agiert nun mit voller Kraft gegen seine Feindin, sei es direkt (Überreichung der Busfahrkarte als „Geburtstagsgeschenk", Sc. 8; Vergewaltigung, Sc. 10), sei es indirekt (Aufklärung Stellas über Blanches Vergangenheit, Sc. 7 / Aufklärung Mitchs über das gleiche Thema, Sc. 9). Entsprechend verläuft Blanches Sturz von den Höhen einer neuen Hoffnung, die sich im Auftreten Mitchs manifestierte, in den Abgrund in schneller, logischer Abfolge.
Entwicklungslinien, die in früheren Unterrichtsstunden sichtbar gemacht werden konnten, finden nun ihre volle Bestätigung: So bleibt Stanley seinem egozentrischen Wesensbild bis zum Schluß treu, ohne auch nur einen Versuch zum Verstehen seiner Gegnerin zu machen. Stella bleibt bei ihrer Entscheidung für Stanley trotz Bedenken. Mitch findet, wie im Charakterbild angelegt, nicht die Größe, um über die Konventionen hinwegzusehen. Blanche, schillernd und Rollen spielend bis zum Schluß, geht an der Realität zugrunde und flüchtet sich endgültig in Illusionen.
Die Sequenz umfaßt drei Stunden, in denen die Szenen 7, 9 und 10 durchgenommen werden. Auf eine Besprechung der Szene 8 wird verzichtet, da hier weder wesentliche neue Aspekte für die Charakterisierung der Personen zutage treten noch wichtige Impulse für die Fortentwicklung der Handlung gegeben werden.

10. Stunde: The Beginning of Blanche's Downfall (Scene 7)

Mit der Sc. 7 beginnt der unaufhaltsame Niedergang der „Heldin", eingeleitet durch Stanleys „Enthüllungen" der Vergangenheit Blanches gegenüber seiner Frau. Die Szene ist durch die starken Kontraste sehr wirkungsvoll gebaut. Ein Ziel der Stunde soll es daher sein, diesen Gegensätzen nachzugehen und dabei zu erkennen, daß es hier nicht um formale Effekthascherei geht, sondern um das eindrucksvoll dargestellte Aufeinanderprallen von Realität und Illusion. Sodann sollen die Schüler einige Erkenntnisse über Sprache und Sprechweise Stanleys sammeln, was in dieser Szene besonders gut möglich ist. Im Schlußteil der Stunde soll über Blanches Promiskuität in Laurel und die Gründe, die sie dazu trieben, genauer gesprochen werden.

Phase 1: Besprechung der Hausaufgaben

Der Bericht, der von den Schülern als ein Teil der Hausaufgaben gefordert wurde, wird Blanche in stark idealisierter Weise darstellen. Denn die Schüler werden sich vorstellen, daß Mitch selbst von Blanches Art beeindruckt ist und daß er der kranken Mutter ihre Schwächen, falls er sie erkannt hat, vorenthält. Mitch wird, so könnte man es sich vorstellen, der Mutter von parallelen Schicksalsschlägen erzählen, von Ähnlichkeiten in den Charakteren und von der Möglichkeit einer Heirat.

Phase 2: Einblick in den kontrapunktischen Aufbau der Szene

Die Schüler fassen Stanleys Bericht über Blanches Vergangenheit zu einem knappen summary zusammen, aus dem sich ergibt, daß Blanche in Laurel als notorische Prostituierte lebte, als halb verrückt galt, sich mit einem siebzehnjährigen Schüler einließ und deswegen von ihrer Schule verwiesen wurde. Diese Einzelheiten sind als Tatsachen, als Realität aufzufassen. Denn an Stanleys Gründlichkeit bei seinen Recherchen besteht keinerlei Zweifel. Zudem hat Blanche in der vorhergehenden Szene Stella bereits eingestanden, daß sie in Laurel vielerlei Kontakte mit fremden Männern gehabt hat.

Während Stanley die Realität über Blanches Leben zum Vorschein bringt, singt sie im Bad ihre „saccharine popular ballad" (S.67; 4) von der Welt, die unwirklich und verlogen ist („phony"; S.67; 36), aber Wirklichkeit würde, „...if you believed in me!". Die Schüler werden aufgefordert, Vermutungen zu äußern, warum wohl Williams Stanleys unbarmherzige Enthüllungen mit Blanches romantischem Schlager unterlegt hat. Ein Hinweis, auch auf den Inhalt des Liedes zu achten, wird den Schülern sicherlich auf den richtigen Weg helfen.

Es wird sich zeigen, daß der Schlagertext folgende Botschaft enthält: Die Welt, die sonst als die Realität angesehen wird, ist so illusionär wie die Scheinwelt des Circus oder der Penny Arcade, die Liebe dagegen ist die einzige Realität. Damit beschreiben Blanches Schlager und Stanleys Enthüllungen verschiedene Welten, die doch aufeinander bezogen sind, indem sie den einen Menschen Blanche meinen, der auf der einen Ebene sich körperlich prostituierte und auf der anderen auf der Suche nach wahrem Glück und wahrer Liebe ist. Hier müßte das Stichwort „desire" in seiner Doppelbedeutung fallen (vgl. S. 31). Spätestens jetzt sollte darauf hingewiesen werden, daß Blanche „contrapuntally" zu Stanleys Worten singt, wie Williams in der Bühnenanweisung S.67; 5 vorschreibt. Ein musikalisch versierter Schüler oder der Lehrer selbst können klarmachen, was man unter Kontrapunkt versteht. Nach dem rororo-Musikhandbuch „versteht man in der Musik unter Kontrapunkt das Verfahren, mehrere selbständige und doch aufeinander bezogene Stimmlinien zu übergeordneter künstlerischer Einheit zu binden". „Desire" in seiner doppelten Bedeutung als blinder Sexualtrieb und sublimiertes Streben bindet die beiden „Stimmlinien" zusammen.

Auch das Bad selbst erscheint in doppeltem Licht: Für Stanley ist es der Ort, wo er Erleichterung für seine „berstenden Nieren" (S.69; 26) sucht. Für Blanche hat es, wie schon in der Besprechung der 6. Szene gezeigt wurde, rituelle Bedeutung. Der symbolhafte Charakter ihres Waschzwanges wird hier ganz besonders deutlich. Das Bad setzt sie wieder in den alten Zustand der Unschuld ein. Sie fühlt sich danach rein und jung: „Oh, I feel so good after my long, hot bath, I feel so good and cool and – rested ... so refreshed! A hot bath ...always give(s) me a brand new outlook on life!" (S. 71; 27) und die Bühnenanweisung S. 69; 1, wo es heißt: „In the bathroom the water goes on loud; little breathless cries and peals of laughter are heard as if a child were frolicking in the tub."

Die Polarität, auf der die Szene aufgebaut ist, wird am Ende noch einmal sichtbar, als es klar ist, daß Stanley und Stella (und natürlich der Zuschauer) über Blanches Vergangenheit Bescheid wissen, aber Blanche selbst nicht weiß, wieviel sie wissen.

Die Szene selbst steht in überaus starkem Kontrast zu der vorigen. War dort Blanche durch die Bindung an Mitch mit neuer Hoffnung und Zuversicht erfüllt, so macht Stanley durch sein Aufrühren ihrer Vergangenheit alles wieder zunichte. Zumindest spürt und ahnt dies der Leser/Zuschauer.

Phase 3:
Stanleys Handlungs- und Redeweise

Vor allem die Redeweise Stanleys in dieser Szene verdient eine kurze Betrachtung. Nach den Informationen, die er von seinem Gewährsmann bekommen hat, ist er in euphorischer Stimmung. So ist seine auch sonst schon deftige Sprache noch eine Spur sarkastischer (besonders bei seinen „Enthüllungen"). Sie reicht von höhnischer Nachahmung der Ausdrucksweise Blanches (S. 66; 10 und 14) bis zur Drastik (z.B. S. 69; 26). Die Art, mit Stella über sein weiteres Vorgehen mit Blanche zu sprechen, ist klar und unmißverständlich und duldet keinen Widerspruch. Wie er von seinen Nachforschungen redet, wirkt irgendwie leicht lächerlich. Doch hütet sich der Autor, Stanley, wie so oft, nur negativ darzustellen. Denn seine Wut auf Blanche ist verständlich: „That girl calls *me* common!" (S. 66; 25). Auch versucht er durchaus, Stella zu überzeugen und für sich zu gewinnen. So heißt es in der Bühnenanweisung S. 70; 12: „Stanley comes up and takes her by the shoulders rather gently." Für Mitch, den er nicht mit Blanche in sein Verderben rennen lassen möchte, empfindet er Kumpelgefühle (vgl. S. 70; 25 ff.). (Dabei sei unterstellt, daß er dies ehrlich meint und nicht seine unterschwelligen Gefühle rationalisieren will.)

Phase 4:
Das Problem von Blanches Promiskuität

Im letzten Teil der Stunde soll der Versuch unternommen werden, zusammen mit den Schülern Gründe für Blanches Verhalten in Laurel zu finden.

Unterstützt wird diese Diskussion durch zwei kurze Textausschnitte aus der Sekundärliteratur:

„Betrayed by love once in her life she nevertheless seeks it – or any reasonable or unreasonable facsimile – in the effort to fill the barrenness. Thus the ‚intimacies with strangers'. ... Blanche attempts to fight loneliness with sex. Desire fills the emptiness when there is no love ..." (Nelson, S. 141 f.)

„Blanche tried unsuccessfully to alleviate her guilt by a string of promiscuities, which she regarded as chances not to fail others as she had her husband.“ (Adler, S. 140)

Im Rückblick auf die vorletzte Unterrichtsstunde werden die Schüler sich an die Gründe erinnern, die Blanche selbst für ihr Verhalten angibt: Sie rechnet sich selbst zu den „soft people“, die als labile Wesen Anerkennung um jeden Preis suchen, und die vor allem auch ständig auf der Suche nach „protection“ sind, d.h. auf der Suche nach einem festen Halt. Egal, in welcher Form und um welchen Preis. Blanche ist bereit, sich die Illusion dieser „recognition“ und „protection“ auch durch Promiskuität zu verschaffen. Zum Schluß sollte noch die Frage aufgeworfen werden, was diese Enthüllungen für Blanche bedeuten werden. Blanche muß das Schlimmste befürchten: Mit diesem Informationsmaterial hat Stanley alle Trümpfe in der Hand, wird sich Stella entrüstet von ihr abwenden, und vor allem könnte die Hoffnung, die sie auf Mitch setzte, schwinden, da sehr zweifelhaft ist, ob er imstande ist, über Blanches Vergangenheit hinwegzusehen. Sie wird als Heuchlerin dastehen, die von Tugend sprach und das Laster tat. Niemand wird ihr glauben, daß ihre Promiskuität Ausdruck ihrer tiefen Einsamkeit und Isolierung war.

Hausaufgabe

Wer die Frage über die möglichen Auswirkungen dieser Enthüllungen in der Stunde nicht mehr behandeln möchte, kann sie als *Hausaufgabe* stellen.
Alternativ hierzu: Which role does Stella play in Sc. 7? Außerdem bereiten alle Schüler den Text der Szene 9 vor.

11. Stunde: Blanche's Last Hope Crushed (Scene 9)

Auf eine Besprechung von Szene 8 wird verzichtet – die Szene bringt nichts Neues über die Figuren zutage, es werden nur alte, bereits bekannte Motive aufgenommen und gesteigert (die alte Konfrontation zwischen Blanche und ihm ist verstärkt wieder Thema; Stanley läßt sich die Gelegenheit natürlich nicht nehmen, seine alte Gegnerin zu demütigen, nachdem er einen Vorteil über sie erlangt hat, vgl. das Geschenk der Fahrkarte). Zwar ist der Schlag, den Blanche in dieser Szene hinnehmen muß, ein Schritt auf dem Weg zum endgültigen Zerfall ihrer Persönlichkeit, aber letzten Endes ist die Enttäuschung, die ihr Mitch in Szene 9 bereitet, deshalb entscheidender und wichtiger. Die Besprechung sollte sich – aus arbeitsökonomischen und motivationellen Gründen – auf die Szene 9 konzentrieren. Ein Schüler kann beauftragt werden, den Inhalt der Szene 8 zusammenzufassen und vorzutragen.
Nachdem Stanley in den beiden letzten Szenen sein Vernichtungswerk betrieben hat, zerbricht nun auch noch die letzte Hoffnung für Blanche, als Mitch sie im Stich läßt. Die Stunde versucht, den Gründen für das Verhalten der beiden auf die Spur zu kommen. Da Mitch und Blanche verschiedene Vorstellungen von Wahrheit haben, soll in der nächsten Unterrichtsphase darüber diskutiert werden. Den Abschluß bildet eine erneute Untersuchung der Symboltechnik Williams', die in dieser Szene

eine große Rolle spielt und hier exemplarisch studiert werden kann.
Die Erarbeitung des Stundeninhalts von Phase 2 sollte ohne größere Schwierigkeiten relativ rasch vor sich gehen, da die Schüler, durch ihre Hausaufgabe vorbereitet, schon schnell Ergebnisse einbringen können. Bei den beiden letzten Phasen wird der Lehrer – wegen der nicht ganz einfachen Thematik – sicherlich stärker führend eingreifen müssen.
Eine Alternative zur 2. Phase wäre, sie stark schülerzentriert zu gestalten. In diesem Falle würden die Schüler ihre Interpretation der Szene vorlesen und gegenseitig kritisieren und – unter Anleitung des Lehrers – die wichtigsten Punkte selbst in einem Tafelanschrieb festhalten.

Phase 1:
Besprechung der Hausaufgaben

Textliche Schwierigkeiten sind nicht zu erwarten, so daß die Inhaltsangabe flüssig vonstatten gehen kann.

Phase 2: Der Verlust Mitchs

Die Schüler sollen erkennen, daß Blanche zu Beginnder Szene in ihr gewohntes Rollenspiel verfällt. Beim Auftreten Mitchs versucht sie, bald mit ihm zu kokettieren, bald die gesittete Dame zu spielen. Sie bemüht sich, als Abstinenzlerin zu erscheinen, wo sie doch, in verzweifeltem Versuch zu vergessen, schon wieder reichlich dem Alkohol zugesprochen hat. Wider alle Vernunft scheint sie demnach die Hoffnung auf Mitch noch nicht ganz aufgegeben zu haben. Als sie jedoch merkt, daß ihre Versuche bei Mitch nicht mehr verfangen, bekennt sie sich offen zu ihrem Treiben in Laurel. Die Gründe für ihre Offenheit sind widersprüchlich: Es ist ein letzter Versuch, doch noch Verständnis bei Mitch zu finden, aber gleichzeitig auch eine Verzweiflungstat, als sie begreift, daß Mitch sie aufgegeben hat. Das letztere bekunden ihre Worte „But I guess I was asking, hoping – too much! Kiefaber, Stanley and Shaw have tied an old tin can to the tail of the kite." (S. 82; 13) Als sie sagt: „I didn't lie in my heart..." (S. 82; 20), erreichen ihn diese Worte nicht. Noch viel weniger kann er Blanches Erinnerungsfetzen an den Dauergast Tod in Belle Rêve verstehen und den Zusammenhang, den sie zwischen ihrer Vereinsamung und ihrer Flucht in die Arme fremder Männer herstellt („The opposite is desire", S. 83; 4). Mitch hat nicht die Kraft, Blanche so zu nehmen, wie sie sein möchte und sein könnte, sondern er sieht sie nur, wie sie war. Er ist zu stark vom Urteil seiner Umwelt, insbesondere dem seiner Mutter abhängig, um die Schranken der bürgerlichen Konventionen zu überwinden.
Oppel (S. 199) streicht die „tragische Ironie" der Stelle heraus: Je offener Blanche ihm begegnet, desto verstockter reagiert er. „You're not clean enough to bring in the house with my mother" (S. 83; 23), sagt er und treibt damit die Ironie auf die Spitze. Für ihn ist Blanche nur noch Sexualobjekt, Freiwild, das er sich nehmen will, wie es die Soldaten in Laurel taten (vgl. S. 83; 16f.).
So wird Mitch fast genauso schuldig wie Stanley; nur sind seine Motive nicht Rachegefühl und Unbedenklichkeit, sondern die Unfähigkeit, die ihn hindert,

über die gesellschaftliche Schablone hinwegzusehen.
Im Grunde lädt er auch die gleiche Schuld wie Blanche auf sich: Beide bringen es im entscheidenden Augenblick nicht fertig, die Schranke des Schicklichen zu überwinden, um einem Menschen in seelischer Not zu helfen.
Nach Mitchs Versagen ist für Blanche die letzte Hoffnung geschwunden. Wiederum hat die Realität sie eingeholt.
Folgerichtig wird ihr geistiger Verfall (disintegration) in dieser Szene deutlich dargestellt: An der entscheidenden Stelle spricht sie nicht wie sonst in wohlgesetzter Rede, ihre Sprache löst sich in Satzfetzen auf. Die fatale Musik der Varsouviana geht ihr nicht mehr aus dem Kopf. Das Thema *disintegration* wird bei der Besprechung des Problems von Blanches Wahnsinn eine zentrale Rolle spielen. Der Lehrer mag entscheiden, ob er ihm schon hier nachgeht und die sich allmählich häufenden Anzeichen des Verfalls in den einzelnen Szenen aufspüren läßt.

Phase 3: Das Problem der Wahrheit

Mitch: You lied to me, Blanche.
Blanche: Don't say I lied to you.
Mitch: Lies, lies, inside and out, all lies.
Blanche: Never inside, I didn't lie in my heart. (S. 82; 17)

Die Stelle sollte zum Anlaß genommen werden, um mit den Schülern über den doppelten Aspekt der Wahrheit in „A Streetcar Named Desire" nachzudenken. Stanley und Mitch verstehen darunter das in naivem Sinn wirklich Geschehene. Deshalb spürt Stanley der Vergangenheit Blanches nach und reißt Mitch den Papierschirm von der Glühlampe. Nur das Reale zählt. Die Einsicht, daß das Wollen und Streben eines Menschen gleichen Rang wie das wirklich Geschehene haben kann, ist ihnen versagt.
Blanches erträumte Realität von Jugend, Schönheit, Kultur und Reinheit scheitert beim Zusammenstoß mit Stanleys Wirklichkeit. Williams' Stellungnahme erscheint eindeutig: Er zeigt das Tun der beiden Männer mit abnehmender Sympathie, ja sogar mit Ironie.
Diese Phase der Stunde sollte vom Lehrer geleitet werden. Er hat auch zu entscheiden, ob Blanches Wahrheitsbegriff zum Thema einer allgemeinen, den Dramentext überschreitenden Diskussion gemacht werden soll.

Phase 4: Die Symboltechnik Williams'

Zum Abschluß der Stunde wird die Aufmerksamkeit der Schüler erneut auf die Technik Williams' gelenkt, seine Szeneninhalte durch den Gebrauch von Symbolen (z. T. auch nonverbaler Art) zu verdeutlichen und zu akzentuieren.
Die Gefühle seiner Personen werden nicht nur mittels Sprache ausgedrückt, sondern auch durch andere akustische und visuelle Mittel verdeutlicht. Williams macht reichlich Gebrauch davon, indem er in diesem wie auch in seinen anderen Dramen die Sinne des Zuschauers und damit seine Emotionen anspricht. „Plastic Theatre" nennt er sein Verfahren.
Die Besprechung der Symbolik könnte mit der leitmotivischen Verwendung der „Varsouviana" beginnen. Bereits in der 9. Unterrichtsstunde war angeklungen,

daß es sowohl Blanche als auch die Zuschauer sein müssen, die diese Musik hören. Die jetzige Szene bestätigt dies. Aus der Stelle S. 79; 15f. geht hervor, daß Blanche sie hört, aber nicht Mitch, der sagt: „Are you boxed out of your mind?". Das ist vom realistischen Standpunkt auch plausibel zu erklären: Blanche, die sich immer mehr eingekreist sieht, geht die fatale Musik nicht aus dem Kopf, die sie mit dem Tod Allans verbindet. Außerdem bereitet der Autor die geistige Zerrüttung Blanches vor. Daß aber auch der Zuschauer die Musik zu hören bekommt, überschreitet die Grenzen der dramatischen Realistik. Dem aufmerksamen Leser, noch mehr dem Zuschauer im Theater, wird immer klarer, daß dies Mittel sind, um die unverstellten Gefühle Blanches darzustellen. Offensichtlich genügt die Sprache allein nicht mehr, um die Wahrheit zu vermitteln. Das zeigt ein Blick auf die zahlreichen Stellen, wo Blanche Rollen spielt, sich verstellt oder bewußt lügt. Jedoch zieht Williams aus der Unfähigkeit des modernen Menschen zur Kommunikation nie die radikalen Konsequenzen, wie dies das Absurde Theater zum Teil getan hat. Sein Theater bewegt sich soweit wie möglich im Rahmen des Realistischen.

Dies kann ein Blick auf zwei weitere Stellen mit Symbolcharakter verdeutlichen.

So ist das Auftreten der alten Mexikanerin, die ihr „Flores para los muertos" (S. 82; 25) kaum vernehmbar ruft, vom Standpunkt eines strengen Realismus Zufall. Für Blanche jedoch wie auch für den Zuschauer ist die symbolische Verknüpfung mit der Handlung überdeutlich: ihr seelischer Tod steht bevor, nachdem auch noch Mitch sie verlassen hat.

Auch die Lichtsymbolik bewegt sich in realistischem Rahmen. Mitch reißt den Lampion von der nackten Glühbirne – natürlich, um zu sehen, wie Blanche wirklich aussieht. Den symbolischen Hintergrund der Handlung möge ein Zitat von M. A. Corrigan verdeutlichen:

„Just as the naked light must be toned down by an artificial lantern, so every sordid reality must be cloaked in illusion. Stanley, on the other hand, likes as much light as possible; the clear cold light of day and the naked bulb reveal to him what is *real* and, therefore, *true*. And the *facts* of Blanches former life, which Stanley assiduously ‚brings to light' for all to see are necessarily abhorrent to Blanche, who has different standards of truth. ... Being forced to face the kind of reality that she refuses to recognize as significant is the cause of Blanche's breakdown. In the last scene, as Blanche is led away, Stanley tears the paper lantern off the light bulb – he has no use for it – and extends it to her: ‚She cries out as if the lantern was herself.' Blanche is as delicate and pathetic as a paper lantern; she cannot deflect to the hard light of Stanley's vision of reality." (Corrigan, S. 389/90)

Der Lehrer kann diese Textstelle den Schülern mittels Hektographie zur Verfügung stellen, da sie die Ergebnisse vorzüglich zusammenfaßt und bei der Besprechung der Sc. 11 noch einmal von Nutzen sein wird.

Eine Übersicht über den Gebrauch der Symbole wird als Tafelbild festgehalten.

Hausaufgabe:

Sprachliche Vorbereitung von Scene 10.

12. Stunde: The Rape – Blanche's Final Destruction (Scene 10)

Die 4. Unterrichtssequenz, die mit dieser Szene zu Ende geht, hatte sich zum Ziel gesetzt, die schnell aufeinander folgenden Schläge zu untersuchen, die Blanche von hoffnungsvoller Erwartung in die Tiefe reißen. Die jetzige Stunde analysiert die Vergewaltigung Blanches unter zwei Aspekten: Was führte Stanley zu dieser Tat? und: Welche Bedeutung hat sein Tun für Blanche? Die Unterrichtsform im ersten Teil sollte überwiegend lehrerzentriert sein, schon um naheliegende Fehlinterpretationen zu verhindern. Den zweiten Teil könnten die Schüler relativ selbständig meistern, da hier fast ausschließlich das Weiterdenken bisheriger Erkenntnisse gefordert wird. Eine letzte Unterrichtsphase ist erneut der Symbolik gewidmet. Nach den Ergebnissen der letzten Stunde zu diesem Thema kann der Lehrer ein gewisses eigenständiges Arbeiten der Schüler voraussetzen.

Phase 1: Besprechung der Hausaufgaben

Wahrscheinlich werden einige Schüler einwenden, es sei gar nicht sicher, daß Stanley Blanche Gewalt antut... (Die Frage sollte aber möglichst nur dann diskutiert werden, wenn sie die Schüler stellen. Sonst könnte die Gefahr bestehen, daß die richtige Interpretation bereits im Vorfeld abgeblockt wird.) Der Einwand läßt sich mit folgenden Einwänden entkräften:

- Stanleys Grinsen (S. 89; 3)
- seine andeutenden Worte „We've had this date with each other from the beginning!"
- Blanches Verteidigung mit der zerbrochenen Flasche (beides S. 89).
- In Sc. 11 Andeutung des Geschehenen durch Stella/Eunice (S. 92; 16f.)
- Vor allem aber die Mittel des „Plastic Theatre" (vgl. 12. Unterrichtsstunde, Phase 4), die nach Williams die Wahrheit besser ausdrücken als die Sprache: „Lurid reflections appear on the walls around Blanche..." usw. (S. 88; 7).

Phase 2: Die Vergewaltigung aus Stanleys Sicht

Wie kommt es zu Stanleys Tat? Die Diskussion darüber dürfte zu den interessantesten während der ganzen Besprechung des Dramas werden. Sie faßt die bisherigen Ergebnisse noch einmal zusammen und versucht, aus den Erkenntnissen über Stanleys Charakter und Sozialverhalten sein Tun zu erklären. Wie oben schon dargetan, sollte hier der Lehrer die Diskussion leiten. Folgende Ergebnisse werden erwartet:

Für Stanley ist die Welt ein „rat-race" (S. 91; 18), in der es darauf ankommt, der Erste zu sein. Und der Erste ist er in seinem kleinen Reich: in der Ehe, im Kegelteam.

Stella, die ihm von ihrer Herkunft her überlegen war, hat er bereits zu sich herabgeholt. Da kommt ihm Blanche in die Quere, die an Bildung und Anspruch weit über ihm steht. Sie wird nicht müde, ihm ihre Überlegenheit immer wieder vor Augen zu führen. Sie intrigiert gegen ihn und beleidigt ihn. Er ist von vorneherein mißtrauisch gegen sie. Schritt für Schritt erniedrigt er sie. Als letzte Konsequenz nutzt er bedenkenlos die Gelegenheit, als seine Frau im Krankenhaus ihr Kind erwartet, um sich Blanche auch sexuell zu unterwerfen.

Mit dieser Art von Rache steht auch sein Charakterbild in Einklang. Stanley verkörpert den Typ Mann, der im spanisch-lateinamerikanischen Bereich „macho" genannt wird. Williams' eigene Beschreibung in der ersten Szene hält ihn ja schon als „richly feathered male bird among hens" (S. 19; 38) fest und erklärt, daß „pleasure with women" das Zentrum seines Lebens sei, aus dem heraus sich alle Emanationen seiner Lebensfreude ableiten ließen. Frauen mustert er, so heißt es an derselben Stelle, nach „sexual classifications" (S. 20; 4). Die Macht seiner Sexualität ist ihm wohl bewußt. Mit ihr zieht er Stella immer wieder an sich. Mit Mitch scheint er die Auffassung zu teilen, daß Blanche als Freiwild zu betrachten ist, da sie ja in Laurel eine Art Prostitution betrieben hat.

Mit seiner Sexualität „bestraft" er Blanche, indem er sie auf seine Stufe herabzieht und ihr drastisch demonstriert, wer der Herr im Hause ist. In diesem Sinne läßt sich sein Satz verstehen: „We've had this date with each other from the beginning!" (S. 89; 37).

Ein Blick auf die Verhaltensforschung zeigt übrigens, daß Vergewaltigung als Rangdemonstration bzw. Bestrafung wie im Tierreich so auch beim Menschen nachgewiesen werden kann.

Einen weiteren Grund für Stanleys brutales Handeln, der über das Psychologische hinausgeht, bringt der Autor selbst bei: „The rape of Blanche by Stanley is a pivotal, integral truth in the play, without which the play loses its meaning, which is the ravishment of the tender, the sensitive, the delicate, by the savage and brutal forces of modern society." (Aus einem Brief des Autors an den Chief Censor for the Production Code mit der Bitte um Zulassung der anrüchigen Stelle in der Filmversion. Zitiert nach Gerald Weales: Tennessee Williams Minneapolis 1965, S. 26)

Phase 3: Die Vergewaltigung aus Blanches Sicht

Wie schon oben angedeutet, können die Schüler in dieser Phase des Unterrichts verhältnismäßig selbständig arbeiten, indem sie die bisherigen Ergebnisse rekapitulieren und das Geschehen um Blanche richtig einordnen. Es erscheint wichtig, daß sie ihr Verhältnis der Realität gegenüber in dieser Szene deutlich erkennen: Die Bühnenanweisung und ihr verwirrtes Selbstgespräch zu Beginn deuten an, daß sie unaufhaltsam in die geistige Verwirrung hineingleitet. Doch ist sie noch fähig, die Wirklichkeit zu erkennen: Als sie ihr Bild im Spiegel sieht, zerbricht sie ihn. Sobald die Auseinandersetzung mit Stanley beginnt, nimmt sie voll wahr, in welcher Gefahr sie schwebt. Ihre Rettungsaktionen (ihre Verteidigung mit der zerbrochenen Flasche einerseits und das versuchte Telefongespräch mit Shep Huntleigh, von dem sie weder Rufnummer noch Adresse angeben kann, andererseits) erscheinen allerdings eher als eine Mischung aus realistischen und illusionären Maßnahmen.

Als Stanley sich ihrer bemächtigt, ist es klar, daß sie den Kampf um ein neues Leben endgültig verloren hat. Die Realität dieser Welt hat sie vollständig eingeholt. Sie hatte gegen sie angekämpft, sich auch im Umgang mit dieser Realität die Hände schmutzig gemacht, etwa als sie Allan im Stich ließ und später, als sie sich in Laurel allzusehr mit der Realität einließ. Im Verlauf des Stückes erwies es sich, daß die Mächte der Wirklichkeit, verkörpert durch Stanley und in seinem Gefolge Mitch, stärker waren als sie mit ihrer labilen Persönlichkeitsstruktur. Während des gesamten Dramas war eine fortgesetzte Zerrüttung ihrer Wesensmitte zu beobachten. Nach Stanleys niederträchtiger Tat kapituliert sie endgültig vor der Realität: Es bleibt ihr nur der Weg in die Welt ihrer Illusionen, d.h. in den Wahnsinn.

Phase 4:
Die Verwendung von Symbolen in Szene 10

Richtig verständlich werden diese seelischen Vorgänge in Blanche nur, wenn man die Verwendung der außersprachlichen Mittel mit in Betracht zieht. Dies sollen die Schüler am Ende dieser Unterrichtsstunde noch leisten, indem sie eng an die entsprechende Phase der vorigen Stunde anknüpfen.

Sie können dabei recht selbständig arbeiten.

Das Auftreten Stanleys wird von „honky-tonk music" (S. 84; 21) begleitet. Das „blue piano" ist zu hören, und am Ende heißt es: „The hot trumpet and drums from the Four Deuces sound loudly." (S. 90; 3) Die Musik also, die Stanleys sinnliche und primitive Welt charakterisiert, begleitet Blanche auf ihrem unfreiwilligen Weg in die schmutzige Realität. Ihre Lautstärke kündet vom Sieg der „savage and brutal forces of modern society" über das Zarte und Sensible, um Williams noch einmal anzuführen.

Für Blanche und den Zuschauer andererseits erscheinen „lurid reflections" und „shadows of a grotesque and menacing form" (S. 89; 16), als sie die Ausweglosigkeit ihrer Situation erkennt nach dem vergeblichen Telefonat. Später werden die Stimmen als „inhuman jungle" (S. 89; 16) beschrieben, und wiederum wird der Lärm der Lokomotive mit Stanley identifiziert – alles überaus sprechende Zeichen für den seelischen Zustand, in dem sich Blanche befindet.

Man sollte auch nicht übersehen, daß sich draußen auf der Straße, auf der Bühne sichtbar gemacht, das abspielt, was für Blanche „Realität" ist: Gewalt, Diebstahl, Unmoral.

Hausaufgabe:

Die Schüler sollen die letzte Szene sprachlich vorbereiten und folgende Frage schriftlich beantworten: „It is logical and convincing that Williams makes Blanche end in insanity?"

5. Sequenz (13.–14. Stunde): Final Consideration of the Text

„A Streetcar Named Desire" endet mit Blanches endgültiger Kapitulation vor der Realität. Sie wird in ein Heim für Geisteskranke eingeliefert. Die letzte Unterrichtssequenz geht diesem Ende der Protagonistin nach und versucht auch, das Verhalten der anderen Personen in diesem Stück abschließend zu ergründen. Dies geschieht in der Besprechung von Sc. 11. In der letzten Stunde sollen dann vor allem Fragen nach dem Sinn des Dramas besprochen werden. Die werkimmanente Interpretation steht dabei im Mittelpunkt, jedoch werden auch einige Aspekte der allgemeineren Bedeutung angesprochen werden.
Da die Sequenz überwiegend Ergebnisse der vergangenen Stunden verwertet, sollte die vorherrschende Unterrichtsform selbständiges Arbeiten der Schüler sein. Das schließt natürlich nicht aus, daß der Lehrer einige neue Impulse gibt, besonders zu den Gedankensträngen, die bisher nicht im Mittelpunkt der Betrachtung standen.

14. Stunde: Blanche's Breakdown (Scene 11)

Dreh- und Angelpunkt der Schlußszene ist Blanches geistige Zerrüttung. Die Stunde ist diesem Thema ganz gewidmet und gliedert sich in 3 Hauptphasen: Aspekte des Wahnsinns Blanches; Gründe für ihre Krankheit (in engem Anschluß an die 13. Unterrichtsstunde); die Wirkung auf die anderen Personen.

Phase 1:
Besprechung der Hausaufgaben

Die Zusammenfassung des Inhaltes der Szene erscheint nicht sehr problematisch und sollte nicht viel Zeit in Anspruch nehmen. Der zweite Teil der Hausaufgaben (Beantwortung der Frage: „Is it logical and convincing that Williams makes Blanche end in insanity?") wird in Phase 3 eingebaut.

Phase 2:
Aspekte des Wahnsinns Blanches

In dieser Phase sollen, falls keine anderen Vorschläge der Schüler laut werden, drei Punkte angesprochen werden:
a) Wie äußert sich ihre Krankheit?
b) Welche inneren Eigenschaften macht sie sichtbar?
c) War es notwendig, daß Stanley und Stella Blanche in eine Anstalt einweisen lassen?

Die Leitung des Unterrichtsgesprächs liegt beim Lehrer.
a) Das Erscheinungsbild Blanches in der Schlußszene ist das eines Menschen, der Schein und Sein nicht mehr vonein-

ander trennen kann. Sie erwartet Shep Huntleigh wirklich, hat für ihn ihr Haar gewaschen und sich schön gemacht. Dennoch ahnt sie, daß etwas Schreckliches mit ihr geschieht, und sie erkennt, daß der Fremde nicht der erwartete Beschützer ist. Deshalb kämpft sie auch verzweifelt gegen die Krankenschwester, in der sie wohl eine weitere Verkörperung der „Realität" spürt. Aber sie ist nicht mehr fähig, die Wirklichkeit genau zu erfassen. – Mehr als Worte macht das Leitmotiv der Varsouviana ihre wahnhaften Ängst deutlich, die sich erst legen, als der Arzt auf ihr Spiel eingeht und sich wie ein Gentleman zu benehmen beginnt.

b) So krankhaft Blanche auch der Welt ihrer Illusionen verfallen ist, so sehr werden im Wahn ihre entscheidenden Wesenszüge noch einmal sichtbar. Diese aufzuspüren, dürfte dem Durchschnittsschüler nicht leichtfallen, da sie sich hinter scheinbar unbedeutenden Äußerungen und Verhaltensweisen Blanches verstecken. Der Lehrer kann als Ausgangspunkt die Stelle wählen, an der Blanche vor den beiden Frauen darauf besteht, daß ihr Kleid „Della Robbia blue" ist – „the blue of the robe in the old Madonna pictures" (S. 93; 32).

Die Frage nach dem Sinn dieser Einzelheit kann sicherlich nur so beantwortet werden, daß sie sich innerlich rein fühlt oder die Reinheit und Unschuld sucht. Jetzt dürfte es nicht mehr zu schwierig sein, weitere Beispiele anzuführen, die ihre Suche nach Reinheit belegen. Auch bei der Suche nach anderen Eigenschaften wird entsprechend vorgegangen.

Es folgt in gebotener Kürze eine Übersicht über die relevanten Stellen:

Die Glocken der Kathedrale, die zu hören sind, erscheinen ihr als „the only clean thing in the Quarter" (S. 94; 1). Die Trauben, die Eunice zum Abschied mitgebracht hat, suggerieren ihr eine visionäre Vorstellung von ihrem Tod auf hoher See nach dem Genuß einer ungewaschenen Traube. Der junge Schiffsarzt, den sie sich dabei vorstellt, ist die letzte Verkörperung der jungen, unschuldigen Liebe, die sich für sie in Allan manifestierte.

Ihre Illusion, daß die alte Welt des Ritterlichen noch existiert, in die sie hineingeboren wurde und die sie aufrechtzuerhalten suchte, wird erkennbar, wenn sie zu den Pokerspielern sagt: „Please don't get up. I'm only passing through" (S. 95; 22). Bemerkenswerterweise erheben sich die Männer im Gegensatz zu Sc. 3 tatsächlich.

c) Die Frage, ob es notwendig war, daß Stanley und Stella Blanche in eine Anstalt einweisen lassen, führt zu einer kleinen Pro-und-Contra-Diskussion der Schüler untereinander. Es müßte sich folgendes Bild ergeben:

Da Blanche für ihre Umwelt nicht gefährlich ist, wäre die Einweisung nicht notwendig gewesen. Andererseits zeigt sie Symptome geistiger Umnachtung, die eine psychiatrische Behandlung erforderlich machen. Es bleibt jedoch der Eindruck, daß vor allem Stanley sie loswerden will, damit sein Leben wieder in den alten Bahnen verlaufen kann. Bis zum letzten Augenblick ist er unfähig, auch nur das geringste Verständnis für seine Feindin aufzubringen. Wie vordem Mitch reißt auch er den Lampion von der Glühbirne, wohl wissend, was er tut: „She cries out as if the lantern was her-

self“ (S. 96; 36). Stella fühlt sich schuldig, wie ihre Worte beweisen: „What have I done to my sister?“ (S.97; 9).
Hier kann ein kleiner Seitenblick auf die Zukunft von Stella und Stanley geworfen werden.
Mit dem Entfernen Blanches ist ihre Ehe gerettet. In Wort und Tat (vgl. S.98; 30f.) läßt Stanley erkennen, daß sie zu den alten Bedingungen weitergeführt wird. Und Stella macht mit, zumal das Baby die Risse in ihrer Ehe kittet. Die Geschichte, die Blanche ihr von einer Vergewaltigung erzählt hat, ist für sie entweder das Produkt der Phantasie einer Verrückten, oder sie hat weder Kraft noch Willen, falls sie die Geschichte glaubt, ihr Leben mit Stanley zu ändern.

Phase 3:
Ursachen für Blanches endgültige Zerstörung

Die Schüler bringen hier den zweiten Teil ihrer Hausaufgaben ein und diskutieren selbständig. Da die Gründe für Blanches Wahnsinn bereits in der letzten Stunde eingehend erörtert worden sind, sei an dieser Stelle auf eine Wiederholung verzichtet. (Im Stundenblatt sind sie noch einmal aufgeführt.) Wichtig ist, daß folgendes erkannt wird: Ganz konsequent erscheint Williams' Lösung, Blanche in geistiger Zerrüttung enden zu lassen, erst dann, wenn man die Gesamtanlage des Werkes in Betracht zieht. Das Auseinanderklaffen von Anspruch und Wirklichkeit erlebt Blanche von der ersten Szene an, und natürlich hat sie es schon vor den Ereignissen auf der Bühne zu spüren bekommen. Sie muß es erleben bis zur bitteren Erniedrigung durch Stanley und Mitch. Die sich häufenden Schläge, die sie von ihrer Umwelt erfährt, im Verein mit einem gerüttelten Maß an eigenem Fehlverhalten haben die seelische Energie aufgebraucht, die notwendig ist, um Illusion und Realität klar zu trennen.
Der Lehrer kann den Blick der Schüler noch einmal auf die ersten Worte richten, die Blanche in diesem Drama spricht: „They told me to take a streetcar named Desire, and then transfer to one called Cemeteries ... and get off at – Elysian Fields“ (S.11; 6). Sie bezeichnen treffend den Weg, den Blanche gegangen ist: „Desire“ hatte sie angetrieben, Stanley und andere seinesgleichen haben sie „getötet“; ihr Bestimmungsort sind die Elysischen Gefilde – ihre wahnhaften Illusionen.
Als Erweiterung dieser Unterrichtsphase hat der Lehrer die Möglichkeit, mit den Schülern über folgende These Machts' zu diskutieren:
„Sie will das Leben nicht als Aufgabe anerkennen, ihr ausweglose‹ Siechtum in Resignation und Phantasterei ist damit selbstverschuldetes Schicksal.“ (Machts, S.447)

Phase 4:
Die Randfiguren in dieser Szene

Auch die Randfiguren der Szene verdienen die Aufmerksamkeit der Schüler. Die Unterrichtsform ist das Lehrer-Schüler-Gespräch.
Obwohl *Mitch,* wie immer, sich kaum artikulieren kann, findet er endlich die Kraft, gegen Stanley aufzubegehren (S.91; 20 und 97; 22f.). „Für einen kurzen Augenblick wird Mitch zum Ritter

im Dienste Blanches, von dem sie geträumt hat – freilich wird er es erst dann, als es bereits zu spät ist.“ (Oppel, S. 200)
Arzt und *Schwester* stehen zunächst als Verkörperung der gefühl- und anteillosen Welt der „anderen“ (vgl. S. 94; 22). Erst als der Arzt erkennt, daß er seine Methode ändern muß, um die Patientin zu beruhigen, wird er für Blanche zum Schutzbringer. So endet das Stück mit der bitteren Ironie, daß alle, die zur Menschlichkeit berufen waren, versagt haben und nur der eine als Schützer auftritt, der damit professionelle Absichten verfolgt.
Die *Pokerspieler* umrahmen die Szene mit ihrem Spiel. Während sich die Tragödie eines Menschen abspielt, bleiben sie ungerührt. Allenfalls Glück und Unglück im Spiel sind Anlaß zur Aufregung. In seinem Gedicht „Musée des Beaux Arts“ beschreibt W. H. Auden die Isolation des Leidenden in der menschlichen Gesellschaft am Beispiel des Breughelschen Ikarus:

In Brueghel's Icarus, for instance: how everything turns away
Quite leisurely from the disaster; the ploughman may
Have heard the splash, the forsaken cry.
But for him it was not an important failure, the sun shone
As it had to on the white legs disappearing into the green Water; and the expensive delicate ship that must have seen
Something amazing, a boy falling out of the sky,
Had somewhere to get to and sailed calmly on.

Hausaufgabe:

Zur Vorbereitung der letzten, abschließenden Stunde sollen die Schüler folgende Frage beantworten:

Are there any arguments which confirm the claim that „A Streetcar Named Desire“ is a play dealing critically with society?

14. Stunde: The Meaning of the Play

Wenn zum Schluß noch einmal über das Drama zusammenfassend und schlußfolgernd nachgedacht werden soll, stellt sich vor allem die Frage nach der Aussage, nach dem Sinn. Damit verknüpft werden verschiedene fachwissenschaftliche Deutungsansätze vorgestellt.
In 5 Phasen wird versucht, dem Sinn des Dramas etwas näherzukommen. In den beiden ersten Unterrichtsphasen werden die Schüler zunächst mit zwei fachwissenschaftlichen Deutungsansätzen (dem sozialkritischen und dem psychologischen) bekannt gemacht. Das Problem der sozialkritischen Deutung wurde bereits in der Hausaufgabe angeschnitten und vorbereitet, während die psychologische Sinndeutung mit Hilfe einer kurzen, provokativen These nahegebracht wird. Im dritten Stundenabschnitt sollen dann die zentralen Themen des Autors noch einmal abschließend betrachtet werden. Phase 4 geht der Frage nach, ob „A Streetcar Named Desire“ tragische Dimensionen hat, und zum Schluß soll versucht werden, eine Antwort auf die Frage nach dem Sinn der Symbolsprache in diesem Werk zu finden.

Phase 1: Der sozialkritische Ansatz

Der erste Stundenabschnitt beginnt mit der Besprechung der Hausaufgaben. Die Schüler sollten versuchen, eine Antwort auf die Frage zu geben, ob das Stück ein sozialkritisches Drama sei. Wenn der Lehrer bei der Stellung der Hausaufgaben sich mit den Schülern auf die Formel geeinigt hatte, daß Gesellschaftskritik das Unbehagen an bestehenden Tendenzen innerhalb einer Gesellschaft ausdrückt, liegt die Vermutung nahe, daß die Schüler nur wenige solcher Züge feststellen konnten. So findet sich Sozialkritik in Ansätzen etwa in der Art, mit der Williams in Stanley den „American Dream" ironisiert, jenen Traum also von dem stets erfolgreichen, optimistischen Amerikaner, der unabhängig von irgendwelchen kulturellen Wurzeln selbständig das Leben meistert. Man denke an Stanleys Einstellung überhaupt, besonders aber an seine Auslassung über Glück (S.91; 15) oder an seinen Stolz, Amerikaner zu sein (S.75; 8. Vgl. die 11.Stunde!). Indem Williams Stanleys Welt siegen läßt, ist sein Bedauern darüber zu verspüren, daß unsere Welt von den Stanleys beherrscht wird. Vorausgesetzt, daß er in Sc.4 durch Blanche seine eigene Meinung ausspricht, dann deutet er an, daß dieser Zustand einen Rückschritt in der Entwicklung der Menschheit darstellt. Ausgerechnet in den Vereinigten Staaten, dem Heimatland des Verfassers, werden die Schüler folgern, ist ein Denken, wie es Stanley repräsentiert, weit verbreitet und hat einer ganzen Welt als Vorbild gedient...! Aber die verfeinerte Welt voll Tradition und Kultur, wie sie sich in Blanche manifestiert, ist antiquiert, unvollkommen, kann sich gegenüber der Welt Stanleys nicht behaupten.

Es sollte nicht schwerfallen, mit den Schülern aufgrund des bisherigen Unterrichtsverlaufes zu erarbeiten, daß auch dieser Deutungsansatz – ähnlich wie der sozialkritische Ansatz – zu kurz greift, nur einen möglichen Aspekt des Textes erfaßt, aber wichtige andere Aspekte nicht integriert. Vor allem der komplexen Persönlichkeit Blanches, wie sie vielfach gebrochen im Text dargestellt ist, wird eine solche Sicht nicht gerecht. Eine kritische Wertung wird festhalten, daß gesellschaftskritische Tendenzen vorhanden sind, die Ansätze jedoch nicht ausreichen, um „A Streetcar Named Desire" ein vorwiegend sozialkritisches Drama nennen zu dürfen. Charakteristisch hierfür ist die Tatsache, daß ethnische und rassische Gegensätze überhaupt keine Rolle spielen. Ja, Williams hebt sogar New Orleans' „easy intermingling of races" (S.9; 22) positiv heraus.

Phase 2:
Eine psychologische Sinndeutung

Der Lehrer stellt provokativ eine These in den Raum, die von den Schülern auf Grund der bisherigen Ergebnisse kritisch zu werten ist:

These: Blanche ist eine Neurotikerin, die das häusliche Glück Stanleys und Stellas durch ihr Eindringen gefährdet und die deshalb rasch wieder entfernt werden muß. Sie leidet unter „life anxiety", während Stella, an die Realität angepaßt, allen Bestrebungen widersteht, sie ihrem Mann und seinen natürlichen Bedürfnissen zu entfremden. (Nach Oppel, S. 186)

Phase 3:
Die zentralen Themen des Stückes

Nachdem die bisherigen Ansätze zu einer Antwort auf die Sinnfrage noch nicht vollauf befriedigend waren, sollte in dieser Phase versucht werden, über eine Betrachtung der zentralen Themen die Aussage des Dramas enger einzukreisen. Ein „brain-storming" dürfte etwa folgende Liste erbringen: Sehnsucht, Liebe, Sex, Vertrauen, Hilflosigkeit, Einsamkeit, Schutzbedürfnis, Versagen, Unverständnis, Egoismus, Desintegration.

Die Ordnung der Motive ergibt für Blanche etwa folgendes Bild: Bei eigenem labilem Charakter von den Menschen und den Bedingungen ihrer Umwelt gebrochen, für sich allein in einer Welt ohne Glauben und Gott lebend, erscheint sie dem Betrachter immer mehr als eine bedauernswert vereinsamte Kreatur, die auf Vertrauen und Geborgenheit entscheidend angewiesen ist („soft people"). Durch ihr eigenes Verhalten aber macht sie es den Menschen um sie immer schwerer, ihr diese Zuneigung zu schenken. In ihrer Not sucht sie „protection" in flüchtigen Abenteuern, ohne zu überschauen, daß sie damit ihr Liebesbedürfnis pervertiert, – und muß bitter dafür bezahlen. Sie selbst hat in einem entscheidenden Augenblick einem Menschen ihre Liebe entzogen.

Ins Allgemeine übertragen, heißt dies, daß der Autor nicht einen Menschen in seiner Größe und Würde dargestellt hat, sondern in all seinem Versagen und seiner Hilflosigkeit.

So geht es dem Autor nicht in erster Linie darum, das Aufeinanderprallen verschiedener gesellschaftlicher Gruppen darzustellen, sondern um das Aufdecken der Schichten der Seele des modernen Menschen.

Es fragt sich, ob Williams ganz im Negativen verharrt. Hierzu läßt sich folgendes aufzeigen: Indem er Blanche scheitern läßt, dadurch, daß Unverständnis und Egoismus die Oberhand gewinnen, aber auch dadurch, daß sie selbst ein gerüttelt Maß an Schuld trägt, gibt er doch auch Zeichen der Hoffnung. Denn es wird zumindest am Horizont deutlich, daß „die Liebe zum tragfähigen Grund des Lebens, das Miteinandersein in Liebe zur ‚Urbestimmung' des Menschseins (werden sollte)". (Machts, S. 454)

Einen letzten Punkt innerhalb dieser Phase kann der Lehrer noch beisteuern, indem er herausstellt, daß Williams beileibe nicht der Sensationsautor der fünfziger Jahre ist, wie er oft dargestellt wird, sondern ein Moralist.

Phase 4: Ist Blanche eine tragische Gestalt?

Da der Begriff „tragisch" und „Tragödie" während der vergangenen Diskussionen häufig gefallen ist, sollte jetzt noch einmal kurz auf diesen Punkt eingegangen werden, zumal er einige interessante Aspekte zu Blanches Persönlichkeit offenlegt. – Da es im allgemeinen zu weit führt, das Wesen des Tragischen breit zu erörtern, wird dem Lehrer empfohlen, eine griffige Definition des tragischen „pattern" heranzuziehen, wie etwa die von Porter: „The tragic action is a movement from guilt through suffering to purgation and insight." (Porter, S. 14)

Die Diskussion mit den Schülern müßte

etwa zu folgenden Ergebnissen führen: Bereits bei dem Punkt Schuld muß man bei Blanche Einschränkungen machen. Gewiß, sie fühlt sich am Tode Allans schuldig. Aber ihr Niedergang ist nicht nur hieraus zu erklären, sondern er ist überwiegend das Produkt der Einflüsse der Welt, in der sie zu leben hat. Auch fehlt die individuelle Verantwortlichkeit, ohne die Tragik nicht aufkommt. Sie reift auch nicht an ihrem Leiden, weil ihr Wesen zu unvollkommen, zu zersplittert ist. Deshalb findet Blanche nicht den Weg zu Läuterung (Katharsis) und Einsicht. Auch im Zuschauer kommt es nicht zur kathartischen Wirkung:

„Nor is there any catharsis to cleanse the audience of the distress when the action moves like a reversal of Darwin's vision – back to the apes. Our sense of justice and our love of beauty are outraged; we leave the theatre troubled, but not tranquil." (Tischler, S. 54)

Als Erweiterungsmöglichkeit sei der Lehrer auf den folgenden Textauszug verwiesen, der im Zusammenhang mit der Diskussion über das Tragische die Wertewelt, für die Blanche kämpft, kommentiert.

„Die von Blanche bis zu ihrem Untergang verfochtenen Normen und Werte erweisen sich in diesem Stück sowohl objektiv als auch subjektiv als bloße Fiktion; weder können sie als noch allgemein verbindlicher Maßstab angesehen werden, noch haben sie sich in dem individuellen Leben Blanches selbst eine sinnvolle Funktion bewahren können. So bleibt auch Blanches starres und unbewegliches Festhalten an ihnen ... auf letztlich formale Äußerlichkeiten beschränkt.
Für Blanches psychische und die damit verbundene soziale Desintegration ist es zudem kaum von Bedeutung, welcher Art die Wertordnung ist, die sie so vehement vertritt; wichtig ist allein die Tatsache, daß sie eine Norm verficht, der zu entsprechen sie selbst nicht mehr in der Lage ist, die damit zur Lüge ihres Lebens wird. So ergibt sich auch eine gewisse Unaufrichtigkeit und Vordergründigkeit im Verhalten Blanches, das sie tragische Dimensionen nicht erreichen läßt." (Vahland, S. 48)

Phase 5: Vom Sinn der außersprachlichen Symbolik

Des öfteren war bei der Besprechung des Werkes davon die Rede, daß Williams die Grenzen des realistischen Theaters verläßt, indem er Musik, Geräusche und Lichteffekte einsetzt, die streng „naturalistisch" nicht motiviert sind. Über den Sinn dieses Vorgehens gilt es zum Schluß noch einmal mit den Schülern nachzudenken.
Es war schon festgestellt worden (z. B. in der 11. Unterrichtsstunde), daß Williams diese Techniken einsetzt, um die wahre Stimmung besonders Blanches auszudrücken. Denn die Sprache allein ist ein unvollkommenes Vehikel dazu.
Einen weiteren Gesichtspunkt, der von M. Kesting entliehen ist, mag der Lehrer noch abschließend vortragen:

„... in Williams' Stücken (gewinnen) Bild, Musik, Beleuchtung, Geräusch innerhalb einer durchaus realistischen Szenerie solche Dichte, daß sie für innere Vorgänge gleichnishaft werden. Williams' Realismus ist transparent und öffnet den Blick in die Dimensionen des ‚ganz anderen', in die des Traumes, der Erinnerung, der Phantasie, des inneren Lebens. Die äußerlich realistisch erscheinende Szenerie ist nicht nur Abbild, ‚sie macht sichtbar', nach Paul Klees berühmtem Wort. Stimmen, Geräusch, Musik ... dringen zum Gleichnis vor." (Kesting, S. 118)

Vorschläge für schriftliche Arbeiten

- Which of the major characters in the play has Williams' sympathy?
- Compare the characters of the two sisters.
- Which role does Stella play in SND?
- If you were Stanley, how would you behave towards an intruder like Blanche?
- What function do the minor characters serve?
- Loneliness and attempts to overcome it in SND.
- Love and sex in SND.
- Discuss the various meanings of „desire“.
- Why is Allan's suicide a crucial episode in the play?
- Which role do local aspects play in SND?
- What is the function of sound and light effects?
- Besides the serious plot there is room for some aspects of the comic. Name some and explain their function.
- What are the major symbols in SND? Discuss their nature and show how they are connected with the play.
- Has the play any faults?
- If you were the director of a theatre, would you include SND in the repertory?

Ausgewählte Literatur

Asibong, Emanuel B.: Tennessee Williams, Elms Court 1978

Blanke, Gustav H.: Das Bild des Menschen im modernen amerikanischen Drama, in: Die Neueren Sprachen 1969

Buchloh, Paul G.: Tennessee Williams: Assoziationschiffren – Zeichen der Verweisung und Akzentuierung – Versuch einer Systematisierung; in: Studien zur englischen und amerikanischen Sprache und Literatur – Festschrift für Helmut Papajewski, Neumünster 1974

Cohn, Ruby: The Garrulous Grotesques of Tennessee Williams, in: Tennessee Williams. A Collection of Critical Essays, ed. by Stephen S. Stanton, Englewood Cliffs 1977

Corrigan, Mary Ann: Realism and Theatricalism in Streetcar Named Desire, in: Modern Drama 1976, Heft 4

Donahue, Francis: The Dramatic World of Tennessee Williams, New York 1964

Falk, Signi: Tennessee Williams, New Haven 1961

Gould, Jean: Modern American Playwrights, New York 1966

Jackson, Esther Merle: The Broken World of Tennessee Williams, Madison and Milwaukee 1965

Jauslin, Christian M.: Tennessee Williams, Velber 1969 (= Friedrichs Dramatiker des Welttheaters)

Kazan, Elia: Notebook for A Streetcar Named Desire in: Directors on Directing (A Source Book of the Modern Theatre), ed. by Toby Cole and Helen Krick Chinoy. London 1973

Link, Franz H.: Tennessee Williams' Dramen. Einsamkeit und Liebe. Darmstadt 1974

Machts, Walter: Das Menschenbild in den Dramen Tennessee Williams', in: Die Neueren Sprachen 1961

Nelson, Benjamin: Tennessee Williams. The Man and his Work, New York 1961

Oppel, Horst: Tennessee Williams. A Streetcar Named Desire, in: Das amerikanische Drama, hrg. von Paul Goetsch, Düsseldorf 1974

Oppel, Horst: „Every Man is a King!" Zur Funktion der lokal-historischen Elemente in A Streetcar Named Desire, in: Studien zur englischen und amerikanischen Sprache und Literatur – Festschrift für Helmut Papajewski. Neumünster 1974

Porter, Thomas E.: Myth and Modern American Drama, Detroit 1969

Rathbun, Gilbert L.: Tennessee Williams' A Streetcar Named Desire. Monarch Notes, New York 1965

Rogers, Ingrid: Tennessee Williams: A Moralist's Answer to the Perils of Life, Frankfurt a.M./Bern 1976

Stanten, Stephen S. (ed.): A Collection of Critical Essays, Englewood Cliffs 1977
Sülzer, Bernd: Methodologische Gesichtspunkte bei der Literaturbetrachtung im Englischunterricht der Oberstufe, in: Die Neueren Sprachen 1971
Tischler, Nancy: Tennessee Williams: Rebellious Puritan. New York 1961: zitiert nach: Tennessee Williams: A Streetcar Named Desire. Monarch Notes. New York 1965; S. 54
Vahland, Barbara: Der Held als Opfer. Aspekte des Melodramatischen bei Tennessee Williams, Bern, Frankfurt und München 1976
Weales, Gerald: Tennessee Williams, Minneapolis 1965

Stundenblätter Englisch

Benecke, Ingrid
Stundenblätter Macbeth
Klettbuch 925165

Felber, Monika/
Kössler, Christine
Stundenblätter Hansberry
"A Raisin in the Sun"
Klettbuch 925163

Herrlinger, Wolfgang
Stundenblätter Pinter
"The Dumb Waiter"
Klettbuch 925164

Hoops, Traudl/Hoops, Wiklef
Stundenblätter Salinger
"The Catcher in the Rye"
Klettbuch 925131

Hoops, Wiklef/Hoops, Traudl
Stundenblätter Orwell "1984"
Klettbuch 925161

Kaiser, Gerd
Stundenblätter Golding
"Lord of the Flies"
Klettbuch 925162

Kaiser, Gerd
Stundenblätter Hemingway
Short Stories
Indian Camp / The Killers / The Battler / Old Man at the Bridge
Klettbuch 925151

Künzig, Hans u. a.
Stundenblätter
"The Hound of the Baskervilles"
"Dead End for Murder"
Klettbuch 925101

Real, Willi
Stundenblätter Wright
"Black Boy"
Eine Lektüreeinheit für die Klassen 7–9
Klettbuch 925166

Rimmelspacher-Heuseler, Frauke
Stundenblätter Miller
"Death of a Salesman"
Klettbuch 925191

Sonnhüter, Ingrid
Stundenblätter
Aldous Huxley
"Brave New World"
Klettbuch 925111

Wolf, Helmut
Stundenblätter
Tennessee Williams
"A Streetcar Named Desire"
Klettbuch 925121

Ziegésar, Detlef von / Ziegésar, Margaret von
Stundenblätter Sillitoe
"The Loneliness of the Long-Distance Runner"
Klettbuch 925141